R. N. COUDENHOVE-KALERGI

IDÉALISME PRATIQUE

NOBLESSE — TECHNIQUE — PACIFISME

ℰMNIA VERITAS.

Richard Nikolaus Coudenhove-Kalergi
(1894-1972)

IDÉALISME PRATIQUE
NOBLESSE – TECHNIQUE - PACIFISME

PRAKTISCHER IDEALISMUS
ADEL - TECHNIK – PAZIFISMUS

Publié pour la première fois en 1925 par
PANEUROPA – VERLAG - WIEN-LEIPZIG

Traduit et publié par
Omnia Veritas LTD

*Ø*MNIA VERITAS®

www.omnia-veritas.com

© – Omnia Veritas Limited – 2018

AVANT-PROPOS

L'idéalisme pratique est un héroïsme ; le matérialisme pratique est un eudémonisme. Celui qui ne croit pas en un idéal, n'a aucune raison d'agir idéalement, de se battre ou de souffrir pour un idéal. En effet il ne connaît et ne reconnaît qu'une seule valeur : le plaisir [*Lust :* désir, envie] ; et qu'un seul mal : la douleur.

L'héroïsme suppose la croyance [*Glauben :* foi] et l'adhésion à un idéal, c'est-à-dire la conviction qu'il y a de plus grandes valeurs que le plaisir, et de plus grands maux que la douleur.

Cette opposition se retrouve à travers toute l'histoire de l'humanité ; c'est l'opposition entre les épicuriens et les stoïciens. Cette opposition est bien plus profonde que celle qui existe entre les théistes et les athées : car il y a des épicuriens qui ont cru en des dieux, comme Épicure lui-même ; et il y a des idéalistes qui ont été athées, comme Bouddha. Il ne s'agit donc pas ici de la croyance en des dieux — mais plutôt de la croyance en des valeurs.

Le matérialisme est sans présupposé — mais aussi sans imagination [*phantasieloser*] ni créativité ; l'idéalisme est toujours problématique et se tisse souvent de non-sens et d'absurdité : c'est pourquoi l'humanité lui doit ses plus grandes œuvres et actions [*Taten*].

* * *

L'héroïsme est une aristocratie de la mentalité.

L'héroïsme est autant apparenté à l'idéal aristocratique que le matérialisme l'est avec l'idéal démocratique. La démocratie croit bien plus en le nombre qu'en la valeur, en la chance [*Glück :* bonheur] qu'en la grandeur.

C'est pourquoi la démocratie politique ne peut devenir féconde et créatrice que si elle démolit la pseudo-démocratie du nom et de l'or, pour à sa place donner naissance à une aristocratie de l'esprit et de la mentalité, éternellement renouvelée.

Le sens ultime de la démocratie politique est donc : une aristocratie de l'esprit ; elle veut créer la jouissance des matérialistes, la puissance[1] des idéalistes. Le leader

---

[1] Quatre termes sont difficiles à traduire de l'allemand vers le français : *Macht, Kraft, Gewalt, stark,* car tous les quatre traduisent en un sens la *force* (ni la puissance, ni le pouvoir, mais la force). Il n'y a pas dans la langue française de concepts équivalents pour rendre compte de ces quatre régimes distincts de *force. Macht* est habituellement traduite par *puissance,* mais cette équivalence (même si choisie pour la présente traduction) est problématique : Aristote distingue clairement ce qui est *en puissance* (ce qui est potentiel ; ce qui n'est pas mais qui pourrait être) de ce qui est *en acte.* Idéalement *puissance* devrait traduire *Potenz,* et non *Macht.* La *Macht* connote davantage une force effective, effectuée, actée, qu'une potentialité (c'est-à-dire quelque chose qui *pourrait* être ; quelque chose qui relève en un sens de la croyance). *Macht* est la forme substantivée de la 3e personne du singulier du verbe *machen* (faire, fabriquer) ; *machen* a une connotation humaine, intentionnelle (peut-être plus marquée que dans *tun* ou *Tat*). Pour ce qui est de la différence entre *Macht* et *Kraft* (toutes deux désignant la *force*) réside, peut-être, non pas tant dans une différence de degrés de force, mais dans une différence d'organisation : les forces de la nature (cyclones, volcans, tremblements de terre, tsunamis…) sont qualifiée de *Kraft ;* la force d'un État, d'une armée, de *Macht.* Ou encore de *Gewalt,* autre terme difficile à traduire car dual : c'est à la fois le *pouvoir* et la *violence.* Là encore, le *pouvoir* de la langue française ne peut pas rendre ce *Gewalt,* pour les raisons mentionnées plus haut

[*Führer :* guide, chef] doit prendre la place du dominant [*Herrschers*] — le sens [*Sinn*] le plus noble, la place du nom le plus noble — le cœur le plus riche, la place de la bourse la plus riche. Voilà le sens du développement, qui se nomme démocratique. Tout autre sens serait un suicide de la culture.

Ce n'est donc pas un hasard si Platon était en même temps le prophète de l'aristocratie spirituelle et de l'économie socialiste, ainsi que le père de la vision du monde [*Weltanschauung*] idéaliste.

Car en effet ces deux-là, *aristocratie* et *socialisme*, sont : *un idéalisme pratique.*

L'idéalisme ascétique du Sud[2] s'est manifesté en tant

(*puissance* et *pouvoir* ont la même étymologie : le verbe *pouvoir*) ; la *Gewalt* n'est pas un *Können* (*pouvoir*) : c'est davantage une force actée, effectuée, validée par l'expérience. Par exemple, en français il m'est permis de penser que j'ai le pouvoir de voler : tant que je ne me suis pas jetée dans le vide et écrasée dix étages plus bas, ce pouvoir ne dépend que de ma croyance (ce pouvoir de voler est *en puissance*, non *en acte*). En allemand, les termes de *Macht*, de *Kraft* et de *Gewalt* renvoient vers quelque chose de plus concret, de moins diffus et potentialisé. Cette nuance de sens est subtile et relève certes de la philosophie, pourtant elle n'est pas neutre. L'adjectif *stark*, quant à lui, renvoie à l'adjectif *fort*. Bien que ce choix soit frustrant, *Macht* sera traduit par *puissance ; Kraft* par *force ; Gewalt* par pouvoir / violence ; *stark* par *fort*. Tout traduire indistinctement par *force* et *fort* ferait perdre les différences d'attribution de chacun de ces régimes de force. Mais traduire *Macht* et *Gewalt* par *puissance* et *pouvoir* fait perdre l'aspect concret et actuel, factuel, de ce qui est qualifié. Ndt.

[2] Une approche antérieure à celle de R. N. Coudenhove-Kalergi, quant aux possibles spécificités philosophiques du Nord, peut se trouver notamment dans la pensée hégélienne (proposant un « principe du Nord », à mettre en regard avec le protestantisme). Cf. G.W.F. Hegel, *Foi et Savoir — Kant, Jacobi, Fichte* (1802), introduction par Alexis

que *religion ;* l'idéalisme héroïque du Nord en tant que *technique.*

En effet la nature était au Nord un défi adressé aux humains. Les autres peuplades se sont soumises ; l'Européen s'est emparé de ce défi et a lutté. Il a lutté, jusqu'à ce qu'il soit suffisamment fort [*stark*] pour soumettre la Terre : il a lutté, jusqu'à contraindre à son service la nature même qui l'avait défié.

Cette lutte a exigé l'héroïsme, a engendré l'héroïsme. Le héros est ainsi devenu en Europe ce que le saint était en Asie, et la vénération des héros est venue s'ajouter à la vénération des saints. L'idéal actif s'est substitué au contemplatif, et le fait de se batte pour un idéal, plutôt que de souffrir pour lui, est devenu quelque chose de plus grand.

C'est à partir des temps modernes [*Neuzeit :* nouveau temps] que l'Europe a commencé pour la première fois à saisir pleinement le sens de cette mission mondiale héroïque ; car c'est avec les temps modernes que commence pour la première fois son âge technique, sa guerre de libération contre l'hiver. Cet âge technique est en même temps l'âge du travail. Le travailleur est le héros de notre temps ; son opposé n'est pas le bourgeois [*Bürger :* citadin, citoyen] — mais plutôt le parasite. Le but du travailleur est d'agir, celui du parasite est de profiter [*Genießen*].

C'est pourquoi la technique est l'héroïsme des temps modernes et le travailleur un idéaliste pratique.

Philonenko, traduit de l'allemand par A. Philonenko et C. Lecouteux, éd. Librairie Philosophique J. Vrin, Paris, 1988.

* * *

Le problème politique et social [soziale] du XXe siècle est celui-ci : rattraper le progrès technique du XIXe. Cette exigence de notre temps est rendue d'autant plus difficile que le développement de la technique s'accomplit sans pause et à un rythme de plus en plus rapide par rapport au développement des humains et de l'humanité. Ce danger peut être contourné de deux façons : ou bien l'humanité ralentit le progrès technique, ou bien elle accélère le progrès social. Sinon, elle perd son équilibre et se renverse. La Guerre mondiale était un avertissement. La technique place donc les humains devant une alternative : le suicide ou l'entente [*Verständigung*] !

C'est pourquoi le développement du monde, dans les décennies à venir, sera sans précédent. Le déséquilibre actuel dans l'organisation technique et sociale conduira soit à une catastrophe destructive — soit à un progrès politique qui laissera derrière lui tous les modèles [*Vorbilder*] historiques, en termes de rapidité et de précision, et qui ouvrira une nouvelle page de l'histoire humaine.

Comme la technique ouvre de nouvelles voies à l'impact [*Stoßkraft*] humain et à l'héroïsme, la guerre commence à jouer son rôle historique dans la conscience de l'humanité. Son héritier est le travail. Un jour l'humanité s'organisera pour, unanimement, arracher à la Terre, ce qu'elle lui soustrait encore à l'heure actuelle. Dès que cette compréhension sera atteinte, toute guerre deviendra une guerre civile et tout meurtre un meurtre. Alors l'âge de la guerre paraîtra barbare, tout comme l'âge du cannibalisme aujourd'hui.

Ce développement se produira si nous y croyons et si nous nous battons pour lui ; si nous ne sommes ni trop court-termistes [*kurzsichtig*], au point de perdre de vue les grandes lignes du développement — ni trop long-termistes [*weitsichtig*], au point de ne pas voir les chemins et les obstacles pratiques, ceux-là mêmes qui se dressent entre nous et nos buts ; c'est-à-dire si nous somme suffisamment lucides [*klarsichtig*], et si nous allions la connaissance claire des luttes et des difficultés imminentes, avec la volonté héroïque de les dépasser. Ce n'est que cet optimisme du vouloir qui complètera et vaincra le pessimisme de la connaissance.

Au lieu de demeurer dans les chaînes inactuelles du présent, et de rêver sans rien faire à de meilleures possibilités, nous voulons prendre ainsi une part active au développement du monde, à travers *un idéalisme pratique*.

Vienne, novembre 1925.

NOBLESSE — 1920

En mémoire de mon père
Dr. HEINRICH GRAF COUDENHOVE-KALERGI
avec vénération et gratitude

PREMIÈRE PARTIE

DE L'HUMANITÉ RUSTIQUE ET URBAINE

1. HUMAINS DE LA CAMPAGNE — HUMAINS DE LA VILLE

La campagne[3] et la ville sont les deux pôles du Dasein [*Dasein :* existence, être-là] humain[4]. La campagne et la ville engendrent leur type humain spécifique : des humains *rustiques* et *urbains*.

L'humain rustique et l'humain urbain sont des antipodes psychologiques. Des paysans de différentes contrées se ressemblent entre eux, au niveau de l'âme [*seelisch*], souvent plus que les citadins de grandes villes voisines. Entre la campagne et la campagne, entre la ville et la ville, il y a l'espace — entre la ville et la campagne, il y a le

---

[3] Le terme *Land* renvoie multiplement à la terre, à la campagne, au pays. *Ländlich* [*rural*] aurait idéalement dû être traduit par *campagnard*, mais la connotation péjorative du mot (suffixe -ard) brouille la lecture de façon inadéquate.

[4] En allemand, *humain* se traduit par *Mensch*, et *homme* (humain de sexe masculin) par *Mann*. Les traductions françaises préfèrent souvent traduire *Mensch* par *homme* (*Homme*, sans majuscule) — à l'instar du « *surhomme* » de Nietzsche [*Übermensch*]. Dans la présente traduction, *Mensch* sera traduit par *humain* (le terme *être humain*, serait certes mieux adapté, mais il alourdirait encore davantage certaines phrases riches en adjectifs et génitifs) et le terme *Mann* par *homme*.

temps. Parmi les humains rustiques européens vivent des représentants [*Vertreter*] de tous les temps : de l'âge de pierre au Moyen Âge ; tandis que seules les métropoles [*Weltstädte* : villes-monde] occidentales, ayant produit le type urbain le plus extrême, sont les représentantes [*Repräsentanten*] de la civilisation des temps modernes. Des siècles, souvent des millénaires, séparent ainsi une grande ville de la rase campagne qui l'entoure.

L'humain urbain pense différemment, juge différemment, ressent différemment, agit différemment de l'humain rustique. La vie dans les grandes villes est abstraite, mécanique, rationnelle — la vie de la campagne est concrète, organique, irrationnelle. Le citadin est rationnel, sceptique, incroyant — l'homme de la campagne [*Landmann*] est émotionnel, croyant, superstitieux.

Toutes les pensées et les sensations de l'homme de la campagne se cristallisent autour de la *nature*, il vit en symbiose avec les animaux, les créatures vivantes de Dieu, il a grandi avec son paysage [*Landschaft*], est dépendant du temps [*Wetter* : la météo] et des saisons. Le point de cristallisation de l'âme urbaine, au contraire, est la *société* [*Gesellschaft*] ; elle vit en symbiose avec la machine, la créature morte des humains ; à travers elle l'humain de la ville se rend potentiellement indépendant du temps [*Zeit*] et de l'espace, des saisons et du climat.

L'humain de la campagne croit au pouvoir [*Gewalt* : violence] de la nature sur les humains — l'humain de la ville croit au pouvoir des humains sur la nature. L'humain rustique est un produit de la nature, l'humain de la ville un produit social [*Sozialprodukt*] ; celui-ci voit le but, la mesure et le sommet du monde dans le cosmos, celui-là dans l'humanité.

L'humain rustique est *conservateur,* comme la nature —
l'humain urbain est *progressiste,* comme la société. Tout
progrès émane et se propage d'ailleurs de villes en villes.
L'humain citadin lui-même est en général le produit d'une
révolution à l'intérieur des genres [*Geschlechtes* : le genre,
le sexe, la lignée familiale] ruraux, un produit qui a rompu
avec sa tradition rustique, s'est installé dans la grande ville
et y a commencé une vie sur de nouvelles bases.

La grande ville vole à ses habitants la jouissance des
beautés de la nature ; comme dédommagement, elle leur
propose l'*art.* Le théâtre, les concerts, les galeries sont les
ersatz [*Surrogate*] des beautés éternelles et changeantes du
paysage. Après une journée de travail pleine de laideur, ces
centres d'art [*Kunstinstitute*] proposent aux citadins de la
beauté sous forme concentrée. À la campagne ils sont bien
inutiles. — *La nature est la forme d'apparition extensive de
la beauté, l'art en est la forme intensive*[5].

La relation de l'humain urbain à la nature, qui lui
manque, est dominée par la nostalgie ; tandis que la nature
pour l'humain rustique est une complétion [*Erfüllung*]
constante. Voilà pourquoi le citadin l'éprouve avant tout
romantiquement, et l'humain rustique classiquement.

La morale sociale (chrétienne) est un phénomène
urbain : car elle est une fonction du vivre ensemble humain,
de la société. Le citadin typique allie la morale chrétienne
avec un scepticisme irréligieux, un matérialisme
rationaliste et un athéisme mécaniciste. La vision du monde

---

[5] À propos du débat, dans la philosophie allemande de la fin du XVIIIe
et du début du XIXe, relatif à la supériorité des beautés de la nature sur
les beautés artificielles, et vice versa : cf. notamment l'esthétique
kantienne et l'esthétique hégélienne.

qui en résulte est celle du *socialisme :* la religion moderne de la grande ville.

Pour les barbares rustiques d'Europe, le christianisme n'est guère plus qu'un nouvel avatar du paganisme, avec une mythologie modifiée et de nouvelles superstitions ; sa vraie religion est la croyance en la nature, en la force [*Kraft*], en le destin.

L'humain de la ville et de la campagne ne se connaissent pas l'un et l'autre ; c'est pourquoi ils se mécomprennent et se méfient l'un de l'autre, vivant dans une relation d'hostilité larvée ou ouverte. Il y a quantité de slogans sous lesquels se dissimule cet antagonisme élémentaire : l'Internationale rouge et verte ; l'industrialisme et l'agrarianisme ; le progrès et le réactionnisme ; le judaïsme [*Judentum :* judéité] et l'antisémitisme.

Toutes les villes puisent leurs forces dans les campagnes [*Lande :* terres] ; toute la campagne puise sa culture dans la ville. La campagne est le sol à partir duquel les villes se renouvellent ; la source qui les nourrit ; la racine à partir de laquelle elles fleurissent. Les villes grandissent et meurent : la campagne est éternelle.

2. JUNKER — LETTRÉ

L'apogée [*Blüte*] de l'humain rustique est le noble propriétaire terrien [*Landadelige*], le *junker.* L'apogée de l'humain urbain est l'intellectuel, le *lettré.*

La campagne et la ville ont toutes deux engendré leur type de noblesse spécifique : la noblesse de volonté s'oppose à la noblesse d'esprit, la noblesse de sang à la noblesse cérébrale. *Le junker typique allie un maximum de caractère avec un minimum d'intellect — le lettré typique un maximum d'intellect avec un minimum de caractère.*

Au noble terrien ne manque pas en tout temps et en tout lieu l'esprit, ni au noble citadin le caractère ; à l'instar de l'Angleterre des temps modernes, dans l'Allemagne des troubadours la noblesse de sang était un élément culturel éminent ; de l'autre côté, la noblesse d'esprit catholique des jésuites et la noblesse d'esprit chinoise des mandarins ont fait preuve, à leur apogée, d'autant de caractère que d'esprit.

Dans le junker et le lettré culminent les oppositions des humains rustiques et urbains. La profession typique de la caste des junkers est la profession d'officier ; la profession typique de la caste des lettrés est la profession de journaliste.

Le junker-officier en est resté, psychiquement comme spirituellement, au stade du chevalier. Dur avec lui-même et les autres, fidèle à son devoir, énergique, persévérant, conservateur et borné, il vit dans un monde de préjugés dynastiques, militaires, nationalistes et sociaux. À sa profonde méfiance vis-à-vis de tout ce qui est moderne, vis-à-vis de la grande ville, de la démocratie, du socialisme et de l'internationalisme, il allie une tout aussi profonde croyance [*Glauben* : foi] en son sang, en son honneur et en la vision du monde de ses pères. Il méprise les citadins, et avant tout les lettrés et les journalistes juifs.

Le lettré précède son temps ; libre de préjugés, il défend des idées modernes en politique, en art et en économie. Il est progressiste, sceptique, plein d'esprit, polyvalent [*vielseitig* : à multiples facettes], changeant ; c'est un eudémoniste, un rationaliste, un socialiste, un matérialiste. Il surestime l'esprit, et sous-estime le corps et le caractère :

c'est pourquoi il méprise le junker, en tant que barbare rétrograde.

L'essence du junker est la rigidité de volonté — l'essence du lettré est la mobilité d'esprit.

Le junker et le lettré sont des rivaux et des adversaires nés : là où règne la caste des junkers, l'esprit doit céder la place devant la violence [*Gewalt :* pouvoir] ; en de tels temps réactionnaires, l'influence politique des intellectuels est écartée, ou du moins limitée. Que règne la caste des lettrés, et la violence doit alors céder la place devant l'esprit : la démocratie vainc le féodalisme, le socialisme vainc le militarisme.

La haine réciproque, entre l'aristocratie de volonté et l'aristocratie d'esprit allemandes, s'enracine dans l'incompréhension. Chacun ne voit que les aspects obscurs de l'autre et est incapable d'en voir les avantages. La psyché du junker, de l'humain rustique, demeure même aux plus grands écrivains éternellement fermée ; tandis qu'à presque tous les junkers, l'âme des intellectuels, des humains urbains, demeure étrangère. Au lieu d'apprendre de l'autre, le plus jeune des lieutenants détourne avec dédain ses yeux des plus éclairants [*führenden :* guidant, excellent] esprits de la littérature moderne, tandis que le dernier des journalistes bas de gamme n'éprouve qu'un mépris condescendant vis-à-vis d'un éminent officier. À travers cette double incompréhension de la mentalité d'autrui, l'Allemagne militariste a d'abord sous-estimé la force de résistance des masses urbaines contre la guerre, puis l'Allemagne révolutionnaire a sous-estimé la force de résistance des masses rustiques contre la révolution. Les leaders [*Führer*] des campagnes ont méconnu la psyché de la ville et son penchant pour le pacifisme [*Pazifismus*] — les leaders de la ville ont méconnu la psyché du peuple de la campagne et son penchant pour le réactionnisme : l'Allemagne a donc d'abord perdu la guerre, puis la révolution[6].

L'opposition entre le junker et le lettré est fondée sur le fait que ces deux types soient les extrêmes, et non les points culminants, de la noblesse de sang et de la noblesse d'esprit. En effet la plus haute forme d'apparition de la noblesse de sang est le *grand-seigneur* [*Grand-seigneur*], et celle de la noblesse d'esprit le *génie*. Ces deux aristocrates ne sont pas seulement compatibles : ils sont apparentés. *César*, l'accomplissement du grand- seigneur, était le plus génial des Romains ; *Goethe*, le sommet de la génialité, était le plus grand-seigneur de tous les poètes allemands. Ici comme partout, les stades intermédiaires s'éloignent le plus fortement, tandis que les sommets se touchent.

L'aristocrate accompli est en même temps aristocrate de la volonté et de l'esprit, mais il n'est ni junker, ni lettré. Il allie une vaste vision [*Weitblick*] avec la force de volonté [*Willenstärke*], la force de juger[7] [*Urteilskraft* : faculté de juger] avec la force d'agir [*Tatkraft*], l'esprit avec le

---

[6] Cf. la Révolution allemande (1918-1919).

[7] Le terme Urteilskraft peut faire penser ici à la trilogie kantienne. Soit la Critique de la raison pure (Kritik der reinen Vernunft, 1781-1787), la Critique de la raison pratique (Kritik der praktischen Vernunft, 1788) et la Critique de la faculté de juger (Kritik der Urteilskraft, 1790). Le terme Kraft est donc aussi parfois traduit par faculté. Le problème étant qu'en français le mot faculté ait une connotation un peu plus intellectuelle et potentielle (facultés mentales) que physique et actuelle (force mentale). Une fois de plus, la Kraft n'est pas une Fähigkeit : p.ex., Naturkräfte désigne les forces de la nature, telles qu'elles se manifestent. La Kraft est d'ailleurs passée dans la langue française (au prix d'un changement de genre) : le (papier) kraft doit son nom à sa force (solidité).

caractère. Si de telles personnalités synthétiques venaient à manquer, les divergents aristocrates de la volonté et de l'esprit devraient alors se compléter les uns les autres, au lieu de se combattre. Autrefois, en Égypte, en Inde, en Chaldée, les prêtres et les rois (les intellectuels et les guerriers) régnaient ensemble. Les prêtres se courbaient devant la force de la volonté, les rois devant la force de l'esprit : les cerveaux montraient les cibles, les bras frayaient les chemins.

3. GENTLEMAN — BOHÉMIEN

En Europe, la noblesse de sang et la noblesse d'esprit se sont créé leur type spécifique : le *gentleman* pour la noblesse de sang anglaise ; le *bohémien*[8] pour la noblesse d'esprit française.

Le gentleman et le bohémien se rejoignent dans le désir de fuir la morne laideur du Dasein petit-bourgeois : le gentleman la dépasse grâce au *style*, le bohémien grâce au *tempérament*. Le gentleman oppose à l'informe de la vie la forme — le bohémien à l'incolore de la vie la couleur.

Le gentleman apporte de l'ordre au désordre des relations humaines — le bohémien de la liberté à leur

---

[8] En 1875, l'opéra *Carmen* de Georges Bizet est montré à Paris pour la première fois. Il rencontre un grand succès. Friedrich Nietzsche a contribué à faire de la *Carmen* bohème de Bizet un trait de l'esprit français (latin, méditerranéen), en s'en servant notamment comme arme pour attaquer son ancienne idole, le plus ou moins pangermanique (nordique) Richard Wagner — *Tristan und Isolde* (1865), *Der Ring des Nibelungen* (1876). Cf. Friedrich Nietzsche, *Considérations inactuelles*, *IV* (1876) et *Le cas Wagner* (1888).

absence de liberté.

La beauté de l'idéal du gentleman repose sur la forme, le style, l'harmonie : elle est *statique, classique, apollinienne.* La beauté de l'idéal bohémien repose sur le tempérament, la liberté, la vitalité : elle est *dynamique, romantique, dionysiaque*[9].

Le gentleman idéalise et stylise sa richesse — le bohémien idéalise et stylise sa pauvreté.

Le gentleman est fait de tradition ; le bohémien de protestation : l'essence [*Wesen*] du gentleman est conservatrice — l'essence du bohémien est révolutionnaire. La mère de l'idéal du gentleman est l'Angleterre, le plus conservateur des pays d'Europe — le berceau de la bohème est la France, le plus révolutionnaire des pays d'Europe.

L'idéal-gentleman est le mode de vie [*Lebensform*] d'une caste — l'idéal — bohème le mode de vie des personnalités.

L'idéal-gentleman nous ramène par-delà l'Angleterre vers la stoa [*Stoa :* stoïcisme] romaine — l'idéal-bohème nous ramène par-delà la France vers l'agora grecque. Les hommes d'État romains s'approchaient du type gentleman, les philosophes grecs du type bohémien : *César* et *Sénèque* étaient des gentlemen, *Socrate* et *Diogène* des bohémiens.

Le point clé [*Schwerpunkt :* centre de gravité] du

---

[9] Pour l'opposition (ou la dialectique) entre l'apollinien et le dionysiaque, cf. *Naissance de la tragédie* (1872) de Friedrich Nietzsche, ou encore la *Phénoménologie de l'esprit* (1807) et *Foi et Savoir* (1802) de G. W. F. Hegel.

gentleman réside dans le physico-psychique — celui du bohémien dans le spirituel : le gentleman a le droit d'être un imbécile, le bohémien celui d'être un criminel.

Ces deux idéaux sont des phénomènes humains de cristallisation : à l'instar du cristal qui ne peut se former que dans un environnement non rigide, ces deux idéaux doivent leur Dasein à la liberté anglaise et française. Il manque à l'*Allemagne* impériale [*kaiserlichen*] cette atmosphère pour la cristallisation de la personnalité : il n'a donc pu s'y développer aucun idéal de même essence [*ebenbürtiges* : équivalent, de même naissance]. Il manque aux Allemands le style pour devenir gentleman, le tempérament pour devenir bohémien, la grâce et la souplesse pour devenir les deux.

Comme il ne trouvait dans sa réalité aucun mode de vie à sa mesure, l'Allemand a cherché dans sa poésie des incarnations idéales de l'essence allemande : et il a trouvé le *jeune Siegfried*[10] en tant qu'idéal physico- psychique, le *vieux Faust*[11] en tant qu'idéal spirituel.

Ces deux idéaux étaient romantico-inactuels : par la distorsion de la réalité, l'idéal-Siegfried romantique s'est rigidifié en officier prussien, en *lieutenant* — l'idéal-Faust en érudit allemand, en *professeur*.

---

[10] Le prénom *Siegfried* se compose de *Sieg*, la *victoire* et *Fried(e)* la *paix*. Soit littéralement : la paix de la victoire. Cf. les mythologies nordiques, telles que mises en opéra par Wagner dans *Der Ring des Nibelungen* (1849-1876). Fritz Lang a aussi proposé une relecture du mythe en 1924 (quatre ans après la rédaction de cet essai) avec le film *Nibelungen*.

[11] Cf. l'œuvre de J. W. Goethe, *Faust I* (1808) et *Faust II* (1832).

Aux idéaux organiques se sont substitués des idéaux mécanisés : l'officier représente la mécanisation du psychisme : le Siegfried rigidifié ; le professeur la mécanisation de l'esprit : le Faust rigidifié.

D'aucune autre classe l'Allemagne de Wilhelm[12] n'a été plus fière que de ses officiers et de ses professeurs. En eux elle voyait l'apogée de la nation, tout comme l'Angleterre le voyait dans ses leaders politiques, et les peuples latins dans leurs artistes.

Si le peuple allemand veut accéder à un développement plus grand, il doit revoir ses idéaux : sa force d'agir doit pulvériser son unilatéralité toute militaire pour s'élargir à la diversité politico-humaine ; son esprit doit pulvériser son étroitesse héritée des sciences pure et s'élargir à la synthèse du penseur-poète.

Le XIXe siècle a offert au peuple allemand deux hommes du plus grand style, qui ont incarné ces exigences de la plus haute germanité : *Bismarck*, le héros de l'action ; *Goethe*, le héros de l'esprit.

Bismarck renouvelle, approfondit et ranime l'idéal de Siegfried devenu kitsch — Goethe renouvelle, approfondit et ranime l'idéal de Faust devenu poussiéreux.

Bismarck avait les qualités de l'officier allemand — sans ses défauts ; Goethe avait les qualités de l'érudit allemand — sans ses défauts. En Bismarck, la supériorité de l'homme d'État surpasse les limitations de l'officier ; en Goethe, la

---

[12] En français : Guillaume. Nom de deux rois et empereurs prussiens et allemands, Guillaume I et Guillaume II. L'« Allemagne de Wilhelm » fait référence au règne de Guillaume II (Wilhelm II), de 1888 à 1918.

supériorité du penseur-poète surpasse les limitations de l'érudit : et en les deux, l'idéal personnel organique surpasse le mécanique, l'humain surpasse la marionnette.

Bismarck a plus fait pour le développement de la germanité à travers sa personnalité modèle qu'à travers la fondation de l'empire ; Goethe a plus enrichi le peuple allemand à travers son Dasein olympien qu'à travers son Faust : car Faust est, à l'instar de Goetz, Werther, Meister et Tasso, seulement un fragment de l'humanité de Goethe.

L'Allemagne devrait bien se garder de kitschiser [*verkitschen* : rendre kitsch, sentimentaliser] et de rabaisser ses deux modèles vivants : en faisant de Bismarck un adjudant et de Goethe un instituteur.

À la suite de ces deux sommets de l'humanité allemande, l'Allemagne pourrait grandir et guérir ; elle peut apprendre d'eux la grandeur active et contemplative, la force d'agir et la sagesse. En effet Bismarck et Goethe sont les deux foyers autour desquels pourrait se former un nouveau style de vie allemand, qui serait de même essence [*ebenbürtig* : équivalent, de même naissance] que les autres idéaux occidentaux.

4. CONSANGUINITÉ — CROISEMENT

L'humain rustique est majoritairement un *produit de la consanguinité* [*Inzucht*], l'humain urbain un *métissage* [*Mischling* : métis (pour les humains), bâtard (pour les animaux)].

Les parents et les grands-parents du paysan viennent habituellement des mêmes régions faiblement peuplées ; ceux du noble viennent de la haute société, tout aussi faiblement peuplée. Dans les deux cas, les ancêtres sont parents de sang, et donc en général semblables les uns aux autres, physiquement, psychiquement et spirituellement. De cela s'ensuit qu'ils transmettent à leurs enfants et à leurs descendants, en des degrés divers, ce qu'ils ont de commun : leurs traits, leurs tendances de volonté, leurs passions, leurs préjugés, leurs inhibitions. Les traits essentiels qui résultent de cette consanguinité sont : la fidélité, la piété, le sens de la famille, l'esprit de caste, la constance, l'obstination [*Starrsinn :* le sens de la rigidité], l'énergie, la limitation ; la puissance des préjugés, le manque d'objectivité, l'étroitesse d'horizon. Ici, une génération n'est pas une variation de la précédente, elle en est simplement la répétition : au développement se substitue le maintien.

Dans la grande ville se rencontrent les peuples, les races, les positions sociales. En règle générale, l'humain urbain est un métissage des éléments sociaux et nationaux les plus différents. En lui, se perpétuent[13] [*aufheben :* se suppriment-conservent, se dialectisent] les singularités, les jugements, les inhibitions, les tendances de volonté et les visions du monde contradictoires de ses parents et de ses grands-parents, ou du moins s'affaiblissent-elles [*abheben*] entre elles. Par conséquent, les métis allient souvent l'absence de caractère, l'absence d'inhibitions, la faiblesse de la volonté, l'inconstance, l'impiété et l'infidélité avec l'objectivité, la polyvalence, la vivacité spirituelle, l'absence [*Freiheit :* la liberté] de préjugés et l'ouverture d'horizon. Les métis se différencient constamment de leurs parents et de leurs grands-parents ; chaque génération est une variation de la précédente, aussi bien dans le sens de

---

[13] Cf. Hegel et le concept d'*Aufhebung* (parfois traduit par « le supprimer-conserver »).

l'évolution que de la dégénération. L'humain consanguin est un *humain à une seule âme* — le métis est un *humain à plusieurs âmes*. Dans chaque individu survivent ses aïeux en tant qu'éléments de son âme : s'ils se ressemblent entre eux, alors elle est unitaire, uniforme ; s'ils divergent, alors cet humain est multiple, compliqué, différencié.

La grandeur d'un esprit réside dans son extensivité [*Extensität* : extensité, grandeur, portée], c'est-à-dire dans sa capacité à tout saisir et à tout comprendre ; la grandeur d'un caractère réside dans son intensité, c'est-à-dire dans sa capacité à vouloir fermement, de façon concentrée, et avec constance. *La sagesse et la force d'agir* sont donc, en un certain sens, *en contradiction*.

Plus sont prononcés la capacité et le penchant d'un humain à considérer qu'il est plus sage de voir les choses selon tous leurs côtés, et à pouvoir se placer de tous les points de vue sans préjugés — plus s'affaiblit, en général, son instinct volontaire d'agir dans une direction déterminée sans y penser : car à chaque motivation s'opposent des contre-motivations, à chaque croyance [*Glauben* : foi] s'oppose le scepticisme, à chaque action s'oppose l'aperçu de son insignifiance cosmique.

Seul un humain limité et unilatéral peut être capable d'agir[14] [*tatkräftig*]. Il n'y a pas qu'une limitation

---

[14] On peut penser ici à la *Phénoménologie de l'esprit* de Hegel et à l'interprétation qui y est proposée de l'affrontement théorique entre loi humaine et loi divine, à travers leurs incarnations tragiques et sophocléennes dans les personnages de Créon et d'Antigone. Après le passage à l'acte, cet affrontement se mue en une prise de conscience collatérale du désastre engendré par la précédente inconscience des déterminités propres à chaque point de vue. Chez Hegel, cette incapacité (inconscience) théorique préalable est ce qui engendre

inconsciente et naïve : il y a aussi une *limitation* consciente et *héroïque*. L'être héroïquement limité — et à ce type appartiennent tous les véritables grands humains d'action — fait de façon temporaire volontairement abstraction de tous les aspects de son essence [*Wesen* : existence, étance], à l'exception d'un seul, celui qui détermine son action. Il peut être objectif, critique, sceptique, supérieur [*überleben* : réfléchi, distancié] avant ou après son acte : pendant son acte, il est subjectif, croyant, unilatéral, injuste.

La sagesse inhibe l'action — l'action renie la sagesse. La plus forte des volontés est sans effet, lorsqu'elle est sans direction ; une volonté fragile a les effets les plus forts, lorsqu'elle est unilatérale.

Il n'y a aucune vie de l'acte sans injustice, sans erreur, sans culpabilité : qui s'effraie de devoir porter cette infamie [*Odium*], celui-là reste dans le royaume des pensées, de la contemplation et de la passivité[15]. — Les humains sincères [*Wahrhafte* : honnêtes] sont toujours silencieux : car chaque affirmation est, en un certain sens, mensonge ; Les humains au cœur pur sont toujours inactifs : car chaque action est, en un certain sens, injustice. Il est cependant plus brave de parler, au risque de mentir ; d'agir, au risque de commettre une injustice.

La consanguinité renforce le caractère, affaiblit l'esprit — le croisement affaiblit le caractère, renforce l'esprit. Là où la consanguinité et le croisement se rencontrent sous des

---

(permet) le passage à l'acte de la *conscience éthique* [*sittliche Bewußtsein*] ; et le passage à l'acte, en tant que moment critique, peut tout aussi bien engendrer (permettre) la prise de conscience (féconde) de l'unité, que l'anéantissement (catastrophique) des deux parties.

[15] Cf. la critique du concept de *belle-âme* chez Hegel.

auspices favorables, ils créent le plus haut type d'êtres humains, alliant au caractère le plus fort l'esprit le plus acéré. Là où sous des auspices défavorables se rencontrent la consanguinité et le mélange, ils engendrent des types dégénérés au caractère faible, à l'esprit racorni.

L'humain du lointain futur sera un métis. Les races et les castes d'aujourd'hui seront victimes du dépassement toujours plus grand de l'espace, du temps et des préjugés. La *race du futur, négroïdo-eurasienne,* d'apparence semblable à celle de l'Égypte ancienne, remplacera la multiplicité des peuples par une multiplicité des personnalités. En effet d'après les lois de l'héritage, avec la diversité des ancêtres grandit la diversité des descendants, et avec l'uniformité des ancêtres grandit leur uniformité. Dans les familles consanguines, un enfant ressemble à l'autre : car tous représentent le seul type familial commun. Dans les familles métissées, les enfants se différencient davantage les uns des autres : chacun forme une nouvelle variation des éléments divergents des parents et des grands-parents.

La consanguinité engendre des types caractéristiques — le croisement engendre des personnalités originales.

Dans l'Europe moderne le *Russe*, en tant que métis slave, tatare et finnois, est le précurseur des humains planétaires du futur ; et parce qu'il est celui qui, parmi tous les peuples européens, a le moins de race, il est l'humain aux âmes multiples typique, avec une âme large, riche, englobante. Son plus fort antipode est le Britannique insulaire, l'humain de haut pedigree à l'âme unique, dont la force réside dans le caractère, la volonté, l'unilatéralité, la typicité. L'Europe moderne lui doit le type le plus fermé, le plus accompli [*vollendetsten :* parfait] : le gentleman.

5. MENTALITÉS PAÏENNE ET CHRÉTIENNE

Deux formes d'âme luttent pour la domination mondiale : le *paganisme* et le *christianisme*. Chacune de ces formes d'âme n'a des relations que très superficielles avec les confessions qui portent ces noms. Si le point clé [*Schwerpunkt* : centre de gravité] est déplacé du dogmatique vers l'éthique, du mythologique vers le psychologique, alors le bouddhisme se transforme en ultra-christianisme, tandis que l'américanisme apparaît comme un paganisme moderne. L'*Orient* est l'émissaire principal de la mentalité chrétienne, l'*Occident* celui de la mentalité païenne : les Chinois « païens » sont de meilleurs chrétiens que les Germains « chrétiens ».

Au sommet de l'échelle des valeurs éthiques, le paganisme place la *force d'agir*, le christianisme *l'amour*. L'idéal chrétien est le saint aimant, l'idéal païen le héros victorieux. Le christianisme veut métamorphoser l'*homo ferus* en *homo domesticus*, l'humain prédateur en humain domestique — tandis que le paganisme veut recréer l'humain en surhumain. *Le christianisme veut apprivoiser les tigres en chats — le paganisme veut élever les chats aux tigres.*

Le principal porte-parole du christianisme moderne fut *Tolstoï ;* le principal porte-parole du paganisme moderne *Nietzsche*.

La religion germanique des Eddas était du pur paganisme. Elle a survécu sous le masque chrétien : au Moyen Âge en tant que vision du monde chevaleresque, dans les temps modernes en tant que vision du monde impérialiste et militariste. L'officier, le junker, le colonisateur, le capitaine d'industrie sont les représentants principaux [*führenden Repräsentanten*] du paganisme moderne. La force d'agir, la bravoure, la grandeur, la liberté, la puissance, la gloire et l'honneur : ce sont les idéaux du paganisme ; tandis que l'amour, la clémence, l'humilité, la compassion et l'abnégation [*Selbstverleugnung*] sont des idéaux chrétiens.

L'antithèse paganisme-christianisme ne coïncide ni avec l'antithèse : humain rustique-humain urbain, ni avec l'antithèse : consanguin-métis.

Mais la barbarie rustique et la consanguinité favorisent sans aucun doute le développement de la mentalité païenne, la civilisation urbaine et le mélange le développement de la mentalité chrétienne.

L'individualisme païen généralisé n'est possible que dans des contrées faiblement peuplées, là où le solitaire peut s'affirmer et s'épanouir [*sich entfalten :* se déployer] à sa convenance, sans pour autant se retrouver en opposition avec ses congénères. Dans les régions surpeuplées, là où les humains se pressent les uns contre les autres, le principe socialiste du soutien mutuel doit compléter le principe individualiste du combat pour le Dasein [*Daseinkampf :* combat pour l'existence], et en partie même, le refouler.

Le *christianisme* et le *socialisme* sont des produits internationaux de la grande ville. Le christianisme a pris naissance, en tant que religion mondiale, dans la métropole [*Weltstadt :* ville-monde] sans race de Rome ; le socialisme dans les villes industrielles occidentales aux nationalités mélangées. Ces deux manifestations de la mentalité chrétienne sont construites sur l'internationalisme. La résistance contre le christianisme a émané de la population rurale (*pagani*), tout comme aujourd'hui c'est encore le peuple de la campagne qui oppose la plus forte résistance à la réalisation du mode de vie socialiste.

Les régions *nordiques* faiblement peuplées ont toujours été des centres du vouloir [*Wollens*] païen, et les régions densément peuplées *du Sud* des incubateurs du sentir [*Fühlens*] chrétien. La question actuelle de la contradiction entre les modes de spiritualité [*Seelenlebens*] de l'Est et de l'Ouest ne permet généralement pas d'y comprendre quoi que ce soit, comparativement à cette contradiction entre les humains du Sud et du Nord. Le Japonais, en tant qu'il a la culture orientale la plus nordique, se rapproche à de multiples égards de l'Occidental ; tandis que la mentalité des Italiens du Sud et des Sud-Américains est orientale. En termes d'états d'âme, le degré de latitude semble plus décisif que le degré de longitude.

Il n'y a pas que la position géographique : le développement historique agit aussi de façon décisive sur la forme d'âme d'un peuple. Les peuples chinois et juif ont une sensibilité plus chrétienne que le peuple germanique, car leur passé culturel est plus ancien. Le Germain est temporellement plus proche du sauvage que le Chinois ou le Juif ; ces deux anciens peuples culturels ont pu s'émanciper de façon plus approfondie de la conception naturelle païenne car ils ont eu au moins trois millénaires de plus pour ce faire. *Le paganisme est un symptôme de la jeunesse culturelle — le christianisme un symptôme de la vieillesse culturelle.*

Trois peuples : les *Grecs*, les *Romains* et les *Juifs*, ont chacun à leur manière conquis le monde culturel antique. D'abord le peuple philosophico-esthétique des Grecs : dans l'*hellénisme ;* ensuite le peuple politico-pratique des Romains, dans l'*Imperium Romanum ;* enfin le peuple éthico-religieux des Juifs, dans le *christianisme.*

Le christianisme, préparé éthiquement par les Esséniens juifs (Jean-Baptiste) et spirituellement par les Alexandriniens juifs (Philon d'Alexandrie), a été un judaïsme régénéré. Dans la mesure où l'Europe est chrétienne, elle est juive (au sens éthico-spirituel) ; dans la mesure où l'Europe est morale, elle est juive. La quasi-*totalité de l'éthique européenne s'enracine dans le judaïsme*. Tous les précurseurs d'une morale chrétienne religieuse ou non, de Saint Augustin à Rousseau, Kant et Tolstoï, étaient des Juifs par choix, au sens spirituel ; Nietzsche est le seul éthicien européen non juif et païen.

Les représentants [*Vertreter*] les plus proéminents et convaincants des idées chrétiennes, qui dans leur renaissance se nomment pacifisme et socialisme, sont des Juifs.

À l'Est le peuple chinois est le peuple éthique par excellence [*par excellence*] (contrairement au Japonais esthético-héroïque et à l'Indien religio-spéculatif) — à l'Ouest c'est le peuple juif. Dieu était le chef d'État des Juifs anciens, leurs lois morales [*Sittengesetz*] étaient leur code civil, un péché était un crime.

Le judaïsme est resté fidèle au fil des millénaires à l'idée théocratique d'une *identification du politique avec l'éthique* : le *christianisme* et le *socialisme* sont tous deux des tentatives d'établir un royaume divin. Il y a deux millénaires, les premiers chrétiens n'étaient pas des Pharisiens et des Sadducéens, des héritiers et des renouvelleurs de la tradition mosaïque ; aujourd'hui ce ne sont ni les sionistes, ni les chrétiens, mais les leaders juifs du socialisme : car eux aussi veulent, avec la plus grande abnégation, effacer [*tilgen*] le péché originel du capitalisme, délivrer [*erlösen*] les humains de l'injustice, de la violence [*Gewalt* : pouvoir, force] et de l'esclavage, et transformer le monde absout en un paradis terrestre.

L'éthique est primordiale en tout pour ces prophètes juifs du présent qui préparent une nouvelle époque du monde : en politique, en religion, en philosophie, en art. De Moïse à Weininger[16], l'*éthique* a été le problème principal de la philosophie juive. Dans cette profonde attitude [*Grundeinstellung*] éthique face au monde se trouve une racine de la grandeur unique du peuple juif — mais s'y trouve en même temps le danger que les Juifs, perdant leur croyance [*Glauben :* foi] en l'éthique, plongent dans un égoïsme cynique : tandis que les humains d'une autre mentalité conservent les restes, même après la perte de leur attitude [*Einstellung*] éthiques, de pléthore de valeurs et de préjugés chevaleresques (homme d'honneur, gentleman, cavalier, etc.), qui les protègent de la chute dans le chaos des valeurs.

Ce qui sépare principalement les Juifs des citadins moyens est le fait qu'ils soient des humains consanguins. La force de caractère alliée à l'acuité spirituelle prédestine le Juif à devenir, à travers ses exemples les plus éminents, un leader de l'humanité urbaine, un faux ou véritable aristocrate de l'esprit, un protagoniste du capitalisme comme de la révolution.

---

[16] Otto Weininger (1880-1903).

DEUXIÈME PARTIE

CRISE DE LA NOBLESSE

1. LA DOMINATION DE L'ESPRIT AU LIEU DE LA DOMINATION DE L'ÉPÉE

Notre âge démocratique est un pitoyable interlude entre deux grandes époques aristocratiques : l'*aristocratie féodale d'épée* et l'*aristocratie sociale de l'esprit*. L'aristocratie féodale est en déclin, l'aristocratie de l'esprit en devenir. Le temps intermédiaire se nomme démocratique, mais est en vérité dominé par la pseudo-aristocratie de l'argent.

Au Moyen Âge, en Europe le chevalier rustique régnait sur le bourgeois urbain, la mentalité païenne sur la mentalité chrétienne, la noblesse de sang sur la noblesse cérébrale. La supériorité du chevalier sur le bourgeois reposait sur la force du corps et du caractère [*Charakterstärke*], sur la robustesse [*Kraft*] et sur le courage.

Deux inventions [*Erfindungen* : trouvées-en-cherchant] ont vaincu le Moyen Âge et ouvert les temps modernes : l'invention de la *poudre* a signifié la fin de la domination du chevalier, l'invention de l'*imprimerie* le début de la domination de l'esprit. La force du corps et le courage ont perdu, à travers l'introduction de l'arme à feu, leur signification décisive [*ausschlaggebende*] dans le combat pour le Dasein [*Daseinkampf* : combat pour l'existence] : l'esprit est devenu, dans la lutte pour la puissance et la liberté, l'arme décisive [*entscheidenden*].

L'imprimerie a donné à l'esprit un instrument de pouvoir [*Machtmittel*] d'une portée sans limite, elle a transformé l'humanité qui écrit en point de mire de l'humanité qui lit et a ainsi promu l'écrivain au rang de leader spirituel des masses. *Gutenberg a donné aux plumes la puissance que Schwarz*[17] *avait retirée aux épées.* Avec l'aide de l'encre d'imprimerie, Luther a conquis un royaume plus grand que ne l'ont fait tous les empereurs allemands.

Dans les époques de *despotisme éclairé,* les souverains et les hommes d'État obéissaient aux idées qui émanaient des penseurs. Les écrivains de ce temps-là formaient une aristocratie spirituelle en Europe. La victoire de l'absolutisme sur le féodalisme a signifié la première victoire de la ville sur la campagne et, en même temps, la première étape dans la série des victoires de la noblesse de l'esprit, et dans la chute de la noblesse d'épée. À la médiévale dictature de la campagne sur la ville s'est substituée la *moderne dictature de la ville sur la campagne.*

Avec la *Révolution française,* qui s'est séparée des privilèges de la noblesse de sang, a commencé la deuxième époque de l'émancipation de l'esprit. La démocratie repose sur le présupposé optimiste qu'une noblesse spirituelle pourrait être reconnue et élue par la majorité populaire.

Actuellement, nous nous situons sur le seuil de la troisième époque des temps modernes : celle du *socialisme.* Lui aussi s'appuie sur la classe urbaine des travailleurs industriels, menée par l'aristocratie urbaine révolutionnaire

---

[17] Berthold Schwarz (1318-1384), chimiste allemand ayant notamment travaillé sur la poudre noire.

des écrivains.

L'influence de la noblesse de sang sombre, l'influence de la noblesse d'esprit croît.

Ce développement, et donc le chaos de la politique moderne, ne prendra fin que si une aristocratie spirituelle s'approprie les instruments de pouvoir [*Machtmittel*] de la société : poudre, or, encre d'imprimerie, et les utilise pour le bien de la communauté.

Le *bolchevisme* russe représente une étape décisive vers ce but. Un petit groupe d'aristocrates de l'esprit communistes y régit le pays, rompant sciemment avec le démocratisme ploutocrate qui domine aujourd'hui le reste du monde.

Le combat entre le capitalisme et le communisme pour l'héritage de la noblesse de sang vaincue, est la guerre fratricide de la noblesse cérébrale victorieuse, un combat entre l'esprit individualiste et l'esprit socialiste, entre l'esprit égoïste et l'esprit altruiste, entre l'esprit païen et l'esprit chrétiens. L'état-major de ces deux partis se recrute dans la race des leaders spirituels européens : dans le judaïsme.

Le capitalisme et le communisme sont tous deux rationnels, tous deux mécanicistes, tous deux abstraits, tous deux urbains.

La noblesse d'épée a définitivement fini de jouer. L'effectivité de l'esprit, la puissance de l'esprit, la croyance en l'esprit, l'espoir en l'esprit grandissent, et avec eux une *nouvelle noblesse.*

2. CRÉPUSCULE DE LA NOBLESSE

Au fil des temps modernes, la noblesse de sang a été empoisonnée par l'atmosphère de cour, et la noblesse d'esprit par le capitalisme.

Depuis la fin de l'époque de la chevalerie, la haute noblesse de l'Europe continentale se trouve, à quelques rares exceptions près, dans un état de décadence progressive. À travers son urbanisation, elle a perdu ses avantages physiques et spirituels.

Aux temps du féodalisme, la noblesse de sang était appelée à protéger son territoire [*Land* : terre, pays] contre les attaques [*Angriffe*] des ennemis et contre les attaques [*Übergriffe*] du souverain. L'homme noble était libre et confiant vis-à-vis de ses subordonnés, de ses égaux et de ses supérieurs ; roi sur ses terres, il pouvait librement épanouir sa personnalité selon les principes de la chevalerie.

L'absolutisme a changé cette situation : la noblesse d'opposition, qui s'appuyait librement, fièrement et bravement sur son droit historique, a été autant que possible éradiquée : le reste a été envoyé à la cour, et là, réduit à une étincelante servitude. Cette noblesse de cour était non libre, dépendante des humeurs du souverain et de sa camarilla ; elle a donc dû perdre ses meilleures qualités : le caractère, le besoin de liberté, la fierté, le leadership. Pour briser le caractère, et donc la force de résistance, de la noblesse française, Louis XIV l'a attirée [*lockte* : appâtée] à Versailles ; l'accomplissement de son œuvre a été réservé à la grande Révolution : à la noblesse qui avait déjà bradé et perdu ses avantages, elle a retiré ses derniers privilèges.

Ce n'est que dans ces pays d'Europe où la noblesse est

restée fidèle à sa mission chevaleresque, où elle est restée le leader et l'avant-gardiste [*Vorkämpfer* : précurseur, combattant de première ligne] de l'opposition nationale contre le despotisme monarchique et la domination étrangère, qu'un type de leader noble s'est maintenu : en Angleterre, en Hongrie, en Pologne, en Italie.

Depuis la transformation de la culture européenne, de rustico-chevaleresque à urbano-bourgeoise, la noblesse de sang est restée, d'un point de vue culturello-spirituel, en retrait derrière la bourgeoise. La guerre, la politique et la gestion de ses biens l'ont tellement accaparée que ses capacités et ses intérêts spirituels ont largement décliné.

Ces causes historiques du crépuscule de la noblesse pendant les temps modernes ont encore été renforcées par des causes physiologiques. À la place du service de guerre dur et médiéval, les temps modernes ont généralement apporté à la noblesse une bonne vie [*Wohlleben*] et sans travail ; de la position la plus menacée, la noblesse est progressivement devenue, grâce à sa richesse d'héritage, la position la plus sécurisée ; ce à quoi s'est encore ajoutée l'influence dégénérative d'une consanguinité exagérée, à laquelle le noble anglais a échappé grâce à des mélanges fréquents avec du sang bourgeois. À travers l'effet combiné de ces circonstances, *le type physique, psychique et spirituel du noble d'autrefois a décliné.*

La noblesse cérébrale n'a pas pu prendre le relais de la noblesse de sang car elle aussi se trouvait dans une crise, dans un état de déclin. La démocratie est née de cette situation embarrassée : non parce que les gens ne voulaient pas de noblesse, mais parce qu'ils ne trouvaient pas de noblesse. Dès qu'une nouvelle et véritable noblesse se sera constituée, la démocratie disparaîtra d'elle-même. C'est parce l'Angleterre possède [*besitzt*] une véritable noblesse qu'elle est restée, en dépit de sa constitution démocratique, aristocratique.

La *noblesse cérébrale académique* allemande, qui était il y a un siècle la leader de l'opposition contre l'absolutisme et le féodalisme, l'avant-gardiste des idées modernes et libérales, a aujourd'hui sombré au rang de pilier principal du réactionnisme, d'adversaire principal de l'innovation spirituelle et politique. Cette pseudo-noblesse d'esprit allemande a été l'avocate du militarisme pendant la guerre, le défenseur du capitalisme pendant la révolution. Ses leitmotivs [*Leitworte*] : nationalisme, militarisme, antisémitisme, alcoolisme, sont en même temps les mots d'ordre du combat contre l'esprit. Sa mission riche en responsabilités : prendre le relais de la noblesse féodale et préparer la noblesse d'esprit, l'intelligentsia académique l'a ignorée, reniée et trahie.

L'*intelligentsia journalistique* [*publizistische*] a aussi trahi sa mission de leader. Elle qui était appelée à devenir la leader et la professeure spirituelle des masses, appelée à compléter et à améliorer ce qu'un système scolaire rétrograde a raté et brisé — elle s'est rabaissée dans sa monstrueuse majorité en esclave du capital, en illustration biaisée [*Verbilderin*] des goûts politiques et artistiques. Son caractère s'est brisé sous le poids de la contrainte d'avoir à soutenir et défendre, en lieu et place de ses propres convictions, celles d'autrui — son esprit s'est affadi via la surproduction à laquelle sa profession l'a contraint.

À l'instar du rhéteur de l'antiquité, le journaliste des temps modernes se tient au centre de la machine d'État : il met en mouvement les électeurs, les électeurs les députés, les députés les ministres. Au journaliste échoit donc la plus haute responsabilité pour tous les événements politiques : et lui justement, en tant que représentant typique de l'absence de caractère urbaine, il se sent généralement libre de toutes ses obligations et responsabilités.

L'école et la presse sont les deux points à partir desquels le monde pourrait être [*ließe*], sans sang ni violence [*Gewalt*], renouvelé et ennobli. *L'école nourrit ou empoisonne l'âme de l'enfant ; la presse nourrit ou empoisonne l'âme de l'adulte.* L'école et la presse sont aujourd'hui toutes deux aux mains d'une intelligentsia dénuée d'esprit : la remettre aux mains de l'esprit serait la plus haute tâche de toute politique idéale, de toute révolution idéale.

Les dynasties européennes de dominants ont décliné à travers la consanguinité ; les dynasties ploutocrates à travers la bonne vie. La noblesse de sang s'est délabrée parce qu'elle est devenue la servante de la monarchie ; la noblesse d'esprit s'est délabrée parce qu'elle est devenue la servante du capital.

Ces deux aristocraties avaient oublié qu'avec chaque avantage, qu'avec chaque distinction et chaque situation exceptionnelle, une *responsabilité* est associée. Elles ont désappris la devise de tous les vrais nobles : « *Noblesse oblige !* » [*Noblesse oblige !*] Elles ont voulu savourer les fruits de leur position avantageuse, sans en supporter les devoirs ; se sont senties maîtresses [*Herren*] et supérieures, et non leaders et modèles pour leurs congénères [*Mitmenschen*]. Au lieu de montrer au peuple les nouveaux buts, au lieu de frayer pour le peuple de nouveaux chemins, elles se sont laissé manipuler par les dominants et les capitalistes, comme des outils au service de leurs intérêts : pour une bonne vie, des positions honorifiques et de l'argent, elles ont vendu leur âme, leur sang et leur cerveau.

Les anciennes noblesses de sang et cérébrale ont perdu

le droit d'être encore considérées en tant qu'aristocraties ; car il leur manque les signes de toute véritable noblesse : le caractère, la liberté, la responsabilité. Les liens qui les unissaient à leur peuple, elles les ont rompus : à travers l'*arrogance catégorielle* [*Standsdünkel*] d'un côté, et l'*arrogance culturelle* [*Bildungsdünkel*] de l'autre.

Cela va dans le sens de la Némésis historique que le grand déluge, prenant sa source en Russie, nettoie par des chemins sanglants ou non le monde des usurpateurs qui veulent revendiquer leur position avantageuse, alors qu'ils en ont depuis longtemps perdu les présupposés d'autrefois.

3. PLOUTOCRATIE

De par l'état grave dans lequel se trouvaient les noblesses de sang et d'esprit, il n'était pas étonnant qu'une troisième classe humaine s'approprie provisoirement le pouvoir [*Macht*] : la *ploutocratie*.

La forme constitutionnelle qui a pris le relais du féodalisme et de l'absolutisme a été démocratique ; sa forme de domination : ploutocratique. Aujourd'hui la *démocratie* est une *façade de la ploutocratie :* comme les peuples ne toléreraient pas la ploutocratie nue, il leur est laissé le pouvoir [*Macht*] nominal, tandis que le pouvoir effectif repose dans les mains des ploutocrates. Dans les démocraties républicaines comme monarchiques, les hommes d'État sont des marionnettes, les capitalistes des tireurs de ficelles : ils dictent [*diktieren*] les lignes directrices de la politique, ils dominent les électeurs par le biais de l'achat de l'opinion publique[18], les ministres par le

---

[18] En 1923 paraît le livre d'Edward L. Bernays, neveu de Sigmund

biais des relations commerciales et sociétales [*gesellschaftliche*].

À la structure sociétale féodale s'est substituée la structure sociétale ploutocrate : ce n'est plus la naissance qui détermine la position sociale [*soziale*], mais le revenu. La ploutocratie d'aujourd'hui est plus puissante que l'aristocratie d'hier : car rien ne se situe au-dessus d'elle sinon l'État qui est son outil et son complice.

Lorsqu'il y avait encore une vraie noblesse de sang, le système de l'aristocratie de naissance était plus juste que ne l'est aujourd'hui celui de l'aristocratie de l'argent : car à l'époque la classe dominante avait un sentiment de responsabilité, une culture, une tradition — tandis que la classe qui domine aujourd'hui est dénuée de tout sentiment de responsabilité, de toute culture et de toute tradition. Les quelques rares exceptions ne changent rien à ce fait.

Tandis que la vision du monde du féodalisme était héroïco-religieuse, la société ploutocrate actuelle ne connaît pas de plus hautes valeurs que l'argent et la bonne vie : la

---

Freud, *Crystallizing Public Opinion* (« Cristalliser l'opinion publique », rédigé en anglais). Dans cet ouvrage, Bernays se présente comme étant le premier *conseiller en relations publiques :* il y présente les stratégies communicationnelles à mettre en œuvre pour influencer l'opinion publique. Le contexte (début du XXe siècle) est celui d'une sociologie et d'une psychologie (disciplines jeunes) accordant beaucoup d'importance aux foules, aux comportements de masses — autant de domaines de recherches accompagnant l'essor des médias industrialisés (la presse et le cinématographe notamment). Si l'opinion publique demeure aujourd'hui encore une notion commune, elle a néanmoins été critiquée pour ses aspects lacunaires et biaisés, notamment par le sociologue Pierre Bourdieu (cf. son article de 1972, « L'opinion publique n'existe pas »).

valeur [*Geltung :* validité] d'un humain est indexée sur ce qu'il a, et non sur ce qu'il est.

Néanmoins, les *leaders de la ploutocratie* forment *en un certain sens une aristocratie,* une sélection : car pour l'accumulation d'une plus grande fortune, toute une série de singularités éminentes est nécessaire : la force d'agir, la prudence, l'intelligence, la pondération, la présence d'esprit, l'initiative, la témérité et la générosité. Grâce à ces avantages, les grands entrepreneurs ayant réussi se légitiment en tant que natures conquérantes modernes, à qui leurs forces de volonté et d'esprit supérieures apportent la victoire sur la masse des concurrents de valeur moindre [*minderwertiger*].

Cette supériorité des ploutocrates n'est cependant valable qu'à l'intérieur d'une classe humaine acquise — elle disparaît aussitôt, lorsque ces éminents gagneurs d'argent sont comparés aux éminents représentants [*Vertretern*] des professions idéales. Ainsi, s'il est juste qu'un industriel ou un commerçant efficient s'élève matériellement et socialement plus haut qu'un collègue inefficient — il est cependant injuste que sa puissance et sa valeur sociétales soient plus hautes que celles d'un artiste, d'un érudit, d'un politicien, d'un écrivain, d'un professeur, d'un juge, d'un médecin, qui dans sa profession est tout autant capable que lui, et dont les capacités servent cependant des buts plus idéaux et plus sociaux : injuste donc que le présent système sociétal donne à la mentalité égoïsto-matérialiste la primauté sur une mentalité altruisto-idéale.

Dans cette *préférence de l'efficience égoïste sur l'efficience altruiste,* de l'efficience matérialiste sur l'efficience idéaliste, réside le mal fondamental de la structure sociétale capitaliste ; alors que les vrais aristocrates de l'esprit et du cœur : les sages et les bons, vivent dans la pauvreté et l'impuissance, les égoïstes humains de pouvoir [*Gewaltmenschen :* humains de violence] usurpent la position de leader à laquelle ceux-là étaient appelés [*berufen*].

Ainsi la ploutocratie est, d'un point de vue énergétique et intellectuel, une aristocratie — et d'un point de vue éthique et spirituel, une pseudo- aristocratie ; à l'intérieur de la classe humaine acquise, elle est une aristocratie — comparée aux professions [*Berufen :* vocations] idéales, une pseudo-aristocratie.

À l'instar des aristocraties de sang et d'esprit, celle de l'argent se trouve aussi actuellement en *période de déclin.* Les fils et les petits-enfants de ces grands entrepreneurs, dont la volonté, forgée à travers la misère et le travail, les avait hissés du rien jusqu'à la puissance, demeurent quant à eux généralement assoupis dans la bonne vie et l'inaction. Rarement seulement l'efficience paternelle se transmet, ou se sublime en créations plus spirituelles et plus idéalistes. Les lignées de ploutocrates manquent de cette tradition et de cette vision du monde, de cet esprit rustique et conservateur qui avait autrefois pendant des siècles protégé les lignées de la noblesse contre la dégénérescence. De faibles épigones reprennent l'héritage de pouvoir [*Machterbe*] de leur père, sans le don pour la volonté et l'entendement, grâce auquel il avait été accumulé. Le pouvoir [*Macht*] et l'efficience entrent alors en contradiction : et minent ainsi la légitimité intérieure du capitalisme.

Le développement historique a précipité ce déclin naturel. Propulsée par la conjoncture de guerre, une nouvelle *ploutocratie de petits trafiquants* [*Schieber*] a commencé à dissoudre et repousser l'ancienne ploutocratie des entrepreneurs. Tandis qu'avec l'enrichissement des entrepreneurs la prospérité du peuple croît, avec l'enrichissement des petits trafiquants elle sombre. Les entrepreneurs sont les leaders de l'économie — les petits trafiquants en sont les parasites : *l'entrepreneuriat est un capitalisme productif — le trafic [Schiebertum] un capitalisme improductif.*

La conjoncture actuelle rend l'acquisition d'argent plus facile aux humains sans scrupules, sans inhibitions, et sans fiabilité. Pour les profits liés au trafic ou à la spéculation, la chance et l'absence d'égards sont plus nécessaires que des dons de volonté et d'entendement. La ploutocratie moderne des petits trafiquants représente ainsi davantage une *kakistocratie de caractère* qu'une aristocratie de l'efficience. Avec le brouillage croissant des frontières entre l'entrepreneuriat et le trafic, le capitalisme est compromis et déprécié sur le forum de l'esprit et dans l'espace public.

Aucune aristocratie ne peut s'affirmer durablement sans *autorité* morale [*moralische*]. Dès que la classe dominante cesse d'être un symbole des valeurs éthiques et esthétiques, sa chute devient inévitable.

La ploutocratie est, comparée à d'autres aristocraties, pauvre en valeurs esthétiques. Elle remplit les fonctions politiques d'une aristocratie, sans offrir les valeurs culturelles d'une noblesse. *Mais la richesse n'est supportable que dans les habits de la beauté*, elle n'est justifiée qu'en tant qu'émissaire d'une culture esthétique. En attendant, la nouvelle ploutocratie s'enveloppe d'une morne absence de goût et d'une importune [*aufdringliche :* voyante] laideur : sa richesse en devient stérile et repoussante.

La ploutocratie européenne néglige — au contraire de l'américaine — sa mission éthique aussi bien que sa mission esthétique : les bienfaiteurs sociaux de grand style sont aussi rares que les mécènes. Au lieu d'apercevoir le but de leur Dasein dans le *capitalisme social*, dans le rassemblement et la mise en forme de la fortune éparpillée du peuple en œuvres généreuses de l'humanité [*Humanität*] créatrice — les ploutocrates se sentent, dans leur écrasante majorité, légitimés à bâtir, de façon irresponsable, leur bonne vie sur la misère des masses. Au lieu d'être des administrateurs bienveillants [*treuhändler*] de l'humanité, ils en sont les exploiteurs, au lieu d'être des leaders [*Führer*], ce sont des induiseurs en erreur [*Irreführer*].

À travers ce manque de culture esthétique et éthique, la ploutocratie ne s'attire pas seulement la haine, mais aussi le mépris de l'opinion publique et de ses leaders spirituels : parce qu'elle n'a pas su s'y prendre pour devenir noblesse, elle doit tomber.

La révolution russe signifie, pour l'histoire de la ploutocratie, le début de la fin. Même si Lénine est vaincu, son ombre dominera autant le XXe siècle que la Révolution française a déterminé le développement du XIXe, en dépit de son effondrement : jamais en Europe continentale le féodalisme et l'absolutisme n'auraient volontairement abdiqué — sinon de peur devant une répétition de la terreur jacobine, devant la fin de la noblesse et du roi français. L'épée de Damoclès de la terreur bolchevique réussira plus vite à attendrir le cœur des ploutocrates et à rendre les exigences sociales accessibles, qu'en deux millénaires l'évangile du Christ.

4. NOBLESSE DE SANG ET NOBLESSE DU FUTUR

La noblesse repose sur la beauté du corps, de l'âme, et de l'esprit ; la beauté repose sur l'*harmonie* accomplie [*vollendeter* : parfaite] et la *vitalité* augmentée : quiconque surpasse son environnement en ces domaines, est aristocrate.

L'ancien type aristocratique est en voie d'extinction ; le nouveau n'est pas encore constitué. Notre temps intermédiaire est pauvre en grandes personnalités : en beaux humains ; en nobles humains ; en sages humains. Pendant ce temps, des épigones de la noblesse en naufrage usurpent les formes mortes de l'aristocratie passée et les remplissent avec le contenu de leur misérable bourgeoisie [*Bürgerlichkeit* : citadinité, civilité, citoyenneté]. La vie pleine et dure de la noblesse du passé a été transmise à des arrivistes : il leur manque pourtant ses formes, sa distinction, sa beauté.

L'époque n'a cependant pas à se soucier de l'idée de noblesse, de l'avenir d'une noblesse. Si l'humanité veut avancer, elle a besoin de leaders, de professeurs, de guides [*Wegweiser*] ; de réalisations de ce qu'elle veut devenir ; de précurseurs de son élévation à venir vers de plus hautes sphères. *Sans noblesse, pas d'évolution.* Une politique démocratique peut être eudémoniste — *une politique évolutionniste doit être aristocratique.* Pour s'élever, pour avancer, des buts sont nécessaires ; pour atteindre des buts, des humains sont nécessaires, qui posent des buts, qui mènent aux buts : des *aristocrates.*

L'aristocrate en tant que leader est un concept politique ; le noble en tant que modèle est un idéal esthétique. La plus haute exigence requiert que l'aristocratie s'accorde avec la noblesse, le leader avec le modèle : que le leadership échoit à des humains accomplis [*vollendeten* : parfaits].

De l'européenne humanité de quantité, qui ne croit qu'au chiffre, qu'à la masse, se distinguent *deux races de qualité : la noblesse de sang* et *le judaïsme* [*Judentum* : judéité]. Séparées l'une de l'autre, chacune demeure fixement rivée à sa croyance [*Glauben* : foi] en sa plus haute mission, en son meilleur sang, en une différence de rang humaine. Dans ces deux races avantagées hétérogènes réside le noyau de la noblesse européenne du futur : dans la noblesse de sang féodale, si tant est qu'elle ne se laisse pas corrompre par la cour, dans la noblesse cérébrale juive, si tant est qu'elle ne se laisse par corrompre par le capital. Comme garantie [*Bürgschaft*] d'un meilleur futur, il demeure un reste de noblesse rustique moralement [*sittlich*] haute, et un petit groupe combattant de l'intelligentsia révolutionnaire. C'est ici que grandit au rang de symbole, la communauté entre *Lénine*, l'homme de la petite noblesse rurale, et *Trotski*, le lettré juif : ici se réconcilie l'opposition entre le caractère et l'esprit, le junker et le lettré, les humains rustiques et les humains urbains, les païens et les chrétiens, en une synthèse créatrice de l'aristocratie révolutionnaire.

Un pas de plus vers le spirituel suffirait pour mettre au service de la nouvelle libération humaine les meilleurs éléments de la noblesse de sang, qui ont préservé à la campagne leur santé physique et morale des influences dépravantes de l'air de la cour. Les prédestinent en effet à cette prise de position leur courage traditionnel, leur mentalité antibourgeoise et anticapitaliste, leur sentiment de responsabilité, leur mépris des avantages matériels, leur entraînement stoïcien de la volonté [*Willenstraining*], leur intégrité, leur idéalisme. Orientées dans des voies plus spirituelles et plus libres, les fortes énergies nobles, qui jusqu'à maintenant ont été des piliers du réactionnisme, pourraient se régénérer en une nouvelle apogée et engendrer des natures de leader, qui allieraient l'inflexibilité de la volonté avec la grandeur d'âme et le désintéressement [*Selbstlosigkeit*] ; et au lieu de servir, en représentants [*Exponenten*] de la bourgeoisie (qui intérieurement les répugne), les intérêts du capitalisme, ils pourraient marcher d'un même pas avec les représentants [*Vertretern*] de la noblesse d'esprit rajeunie, vers la libération et l'ennoblissement de l'humanité.

La *politique* a été en Europe, à travers les siècles, le *privilège de la noblesse*. La haute noblesse formait une caste politique internationale, élevée dans le talent diplomatique. Depuis de nombreuses générations, la noblesse de sang européenne vit dans une atmosphère politique, dont la bourgeoisie [*Bürgertum*] a été intentionnellement écartée. Dans les latifundia, le noble apprenait l'art de la gouvernance, de l'administration des humains — dans les postes étatiques de dirigeant, à l'intérieur ou à l'étranger, l'art de l'administration des peuples. La politique est un art, non une science ; son centre de gravité [*Schwerpunkt*] réside plus dans l'instinct que dans l'entendement, dans le subconscient que dans le conscient. Le don pour la politique se laisse éveiller ou cultiver, jamais apprendre. Le génie fait voler en éclats toutes les règles : en termes de talents politiques cependant, la noblesse est plus riche que la bourgeoisie [*Bürgertum*]. En effet pour acquérir des connaissances, une seule vie suffit : pour éduquer les instincts, cela nécessite l'action conjointe de beaucoup de générations. Dans les sciences et les beaux-arts, la bourgeoisie surpasse en don la noblesse : en politique la relation est inversée. De là s'ensuit que même les démocraties d'Europe confient souvent leur politique extérieure à des descendants de leur haute noblesse, car il est dans l'intérêt de l'État de rendre utile à la communauté la masse successorale des dons politiques que la noblesse a accumulée au fil des siècles.

Les capacités politiques de la haute noblesse découlent principalement de ses forts mélanges de sang. En effet ce mélange national des races agrandit souvent son horizon et paralyse ainsi les conséquences néfastes de la simultanéité castes-consanguinité. La grande majorité des aristocrates de valeur moindre allie les inconvénients du mélange avec ceux de la consanguinité : le manque de caractère avec la pauvreté en esprit ; tandis que dans les rares points culminants de la haute noblesse moderne, les avantages des deux se rencontrent : le caractère avec l'esprit.

D'un point de vue intellectuel il se creuse à ce jour une violente différence de niveaux entre l'extrême droite (la noblesse de sang conservatrice) et l'extrême gauche (la noblesse d'esprit révolutionnaire), tandis qu'en termes de caractères, ces apparentes extrêmes se touchent. Tout ce qui relève de l'intellect et du conscient réside cependant dans la partie haute — tout ce qui relève du caractéristique et de l'inconscient, dans la partie profonde de la personnalité. Les connaissances et les opinions sont plus faciles à former et réformer que les singularités du caractère et les orientations de la volonté.

Lénine et *Ludendorff* sont antagonistes dans leurs idéaux politiques : ils sont frères dans leur attitude de volonté [*Willenseinstellung*]. Si Ludendorff avait grandi dans le milieu [*Milieu*] révolutionnaire de la jeunesse estudiantine russe ; il aurait, comme Lénine, vécu dans sa jeunesse l'exécution de son frère par un bourreau impérial : nous le verrions, vraisemblablement, à la tête de la Russie rouge. Tandis que si Lénine avait été élevé dans une école des cadets prussienne, il serait peut-être devenu un sur-Ludendorff. Ce qui sépare ces deux natures apparentées, c'est leur niveau spirituel. La limitation de Lénine semble être héroïco-consciente, la limitation de Ludendorff naïvo-inconsciente. Lénine n'est pas juste un leader — il est aussi un spirituel [*Geistiger :* intellectuel] ; pour ainsi dire, un Ludendorff spiritualisé.

Le même parallèle peut être dressé entre deux autres représentants [*Vertretern*] des extrêmes gauche et droite : Friedrich *Adler* et Graf *Arco*. Tous deux ont été meurtriers par idéalisme, martyrs de leur conviction. Si Adler avait grandi dans le milieu militaristo-réactionnaire de la noblesse de sang allemande, et Arco dans le milieu socialisto-révolutionnaire de la noblesse d'esprit autrichienne — alors, vraisemblablement, la balle d'Arco aurait atteint le ministre-président Stürgkh, la balle d'Adler le ministre — président Eisner. En effet eux aussi sont frères, séparés par la différence des préjugés inculqués, alliés par le point commun du caractère héroïco-désintéressé. Ici aussi la différence se situe au niveau spirituel (Adler est l'humain d'esprit), et non au niveau de la pureté [*Reinheit :* intransigeance] de la mentalité [*Gesinnung :* opinion]. Qui loue le caractère de l'un, ne peut rabaisser celui de l'autre — comme cela se produit pourtant quotidiennement des deux côtés.

Où il y a de la force de vie potentialisée [*potenzieren :* potentialiser, donner de la puissance], il y a de l'avenir. L'apogée[19] [*Blüte :* bourgeons, fleurs] de la paysannerie, le

---

[19] En allemand les termes *Blut(e)* [sang(s)] et *Blüte* [le bourgeon, la fleur, la floraison et par extension métaphorique, l'apogée] ont une consonance proche, voire une étymologie commune (*Bluot,* ce qui coule). Si cette étymologie commune est à prendre avec prudence, elle est néanmoins mentionnée dans certains dictionnaires allemands de la fin du XIXe. Les résonances sémantiques découlant de cette proximité, diffèrent des résonances sémantiques associées au terme *sang,* en français.

noble terrien, a (tant qu'il s'est maintenu en bonne santé) rassemblé et accumulé une abondance de forces vitales au fil de sa symbiose millénaire avec la nature vivante et donneuse de vie. Si une éducation moderne réussissait à sublimer en spirituel une partie de cette énergie vitale augmentée : alors la noblesse du passé pourrait peut-être prendre une part décisive à la construction de la noblesse du futur.

5. JUDAÏSME ET NOBLESSE DU FUTUR

Les émissaires principaux de la noblesse cérébrale : du capitalisme, du journalisme, de la littérature, qu'elle soit corrompue ou intègre, sont des Juifs[20]. La supériorité de leur esprit les prédestine à devenir *l'un des éléments les plus importants de la noblesse du futur*.

En regardant dans l'histoire du peuple juif, on est éclairé quant à son avance dans le combat pour le leadership de l'humanité. Il y a deux millénaires, le judaïsme était une communauté religieuse, composée d'individus éthiquement et religieusement prédisposés, provenant de toutes les nations du cercle culturel [*Kulturkreis*] antique, avec un foyer central hébraïco-national situé en Palestine. À cette époque déjà, ce n'était pas la nation qui représentait ce qu'il y a de commun, ce qui réunit et ce qui prime, mais plutôt la religion. Au cours du premier millénaire de notre ère, sont entrés dans cette communauté de croyance [*Glaubensgemeinschaft* : communauté de foi] des prosélytes issus de tous les peuples, avec pour finir, le roi, la noblesse et le peuple des Khazars mongols, les seigneurs

---

[20] Ce qui suit est surtout valable pour l'Europe centrale et l'Europe de l'Est.

du sud de la Russie. Ce n'est qu'à partir de là que la communauté religieuse juive s'est refermée en une communauté artificielle de peuples, et isolée de tous les peuples restants[21].

À travers d'innommables persécutions, l'Europe chrétienne tente depuis un millénaire d'éradiquer le peuple juif. Le résultat [*Erfolg* : réussite] en a été que tous les Juifs faibles en volonté, sans scrupule, opportunistes ou encore sceptiques, se sont laissé baptiser pour échapper aux supplices d'une persécution sans fin. De l'autre côté, sous ces conditions de vie très difficiles sont morts tous les Juifs qui n'étaient pas assez adroits, intelligents et inventifs pour soutenir ce combat pour le Dasein [*Daseinkampf* : combat pour l'existence], dans sa forme la plus rude.

De toutes ces persécutions est ainsi finalement sortie une petite communauté, forgée par un martyr pour une idée héroïquement supporté, et purifiée de tous ses éléments faibles en volonté et pauvres en esprit. Au lieu d'anéantir le judaïsme [*Judentum* : judéité], l'Europe, contre sa volonté, l'a ennobli à travers ce *processus de sélection artificielle*, et l'a élevé au rang de futur leader de la nation. Il n'y a donc rien d'étonnant à ce que ce peuple, réchappé du ghetto-cachot, se soit développé en une noblesse d'esprit européenne. Une providence pleine de bonté a donc, au moment où la noblesse féodale déclinait, offert à l'Europe à travers l'émancipation des Juifs, *les grâces d'une nouvelle race de noblesse d'esprit*.

---

[21] Cf. *Das Wesen des Antisemitismus*, du Dr. Heinrich Graf Coudenhove-Kalergi (IIe édition, Paneuropa-Verlag, Vienne). R. N. Coudenhove-Kalergi renvoie ici à un ouvrage de son père, « *L'essence de l'antisémitisme* » (1901).

Le premier représentant [*Repräsentant*] typique de cette noblesse du futur en devenir fut le noble Juif révolutionnaire *Lassalle*[22], qui en lui réunissait en grande proportion la beauté du corps avec le noble courage du caractère et l'acuité d'esprit : aristocrate dans le sens le plus haut et vrai du terme, il était un leader [*Führer*] né et un montreur de chemin [*Wegweiser*] pour son temps.

Ce n'est pas : le judaïsme est la nouvelle noblesse, mais : le judaïsme est le giron duquel sort une nouvelle noblesse d'esprit européenne ; le noyau autour duquel se rassemble une nouvelle noblesse d'esprit. Une race de maîtres[23] [*Herrenrasse*] spirituo-urbaine est en formation : des idéalistes pleins d'esprit et alertes [*feinnervig*], justes et

---

[22] Ferdinand Lassalle (1825-1864).

[23] *Herr* signifie *Seigneur* lorsque l'on évoque Dieu, mais également *monsieur*. L'une des adresses usuelles pour commencer un discours étant : « *Meine Damen und Herren* », c'est-à-dire « Mesdames et Messieurs ». Le terme français de « seigneur » (l'expression *Herrenrasse* ayant été popularisée et figée par le nazisme sous la traduction *race des seigneurs*) ne rend pas vraiment compte de la banalité du mot *Herren*, ni de sa connotation exclusivement masculine. *Herr Dupont* signifie *Monsieur Dupont ; (sich) beherrschen* signifie *(se) dominer / (se) contrôler ; Herrscher* désigne *le dominant, le souverain* (en allemand, tous les substantifs prennent une majuscule, sans distinction, et ce quelle que soit l'importance de ce qu'ils désignent — contrairement au français, qui par l'ajout ou le retrait d'une majuscule, modifie le sens ou la valeur d'un substantif : l'art / l'Art ; l'état / l'État ; la révolution / la Révolution ; pierre / Pierre, etc.). L'expression *Herrenrasse*, « race des maîtres », peut donc aussi se traduire littéralement par « race des dominants », « race des messieurs », « race des sieurs ». La forte composante virile et masculine disparaît un peu lors de sa traduction française : c'est alors le terme « race » qui concentre toute l'attention des lecteurs, leur rappelant que le texte date du début du XXe siècle. Cependant, en allemand les deux racines composant le mot (« race » et « messieurs ») peuvent offrir matière à réflexion.

fidèles à leurs convictions, aussi braves que la noblesse féodale dans ses meilleurs jours, prennent allègrement sur eux la mort et la persécution, la haine et le mépris, afin de rendre l'humanité plus morale [*sittlicher*], plus spirituelle, plus heureuse.

Les héros et les martyrs juifs de la révolution de l'Europe de l'Est et de l'Europe centrale n'ont rien à envier, en termes de courage, d'endurance et d'idéalisme, aux héros non juifs de la Guerre mondiale — tandis qu'ils les dépassent souvent en esprit. L'essence [*Wesen* : l'existence] de ces hommes et de ces femmes, qui cherchent à délivrer [*erlösen*] et à régénérer l'humanité, est une synthèse singulière [*eigentümliche* : bizarre, propre] d'éléments religieux et politiques : de martyr héroïque et de propagande spirituelle, de force d'agir révolutionnaire et d'amour social, de justice et de compassion. Ces traits essentiels, qui ont fait d'eux autrefois les créateurs du mouvement mondial chrétien, les placent aujourd'hui à la tête du mouvement mondial socialiste.

Avec ces deux tentatives de délivrance d'origine spirituo-morale [*geistig-sittlichen*], le judaïsme a bien plus enrichi les masses déshéritées européennes que n'importe quel autre peuple second ne l'a fait. Comment s'y est donc pris le judaïsme moderne pour surpasser tous les peuples restants grâce à son pourcentage d'hommes importants : à peine un siècle après sa libération, ce petit peuple se tient aujourd'hui à la pointe de la science moderne avec *Einstein*, à la pointe de la musique moderne avec *Mahler*, à la pointe de la philosophie moderne avec *Bergson*, à la pointe de la politique moderne avec *Trotski*. Le judaïsme ne doit la place prééminente qu'il occupe à ce jour qu'à sa seule *supériorité spirituelle*, qui lui permet de vaincre la monstrueuse suprématie [*ungeheuere Übermacht*] de ses rivaux dotés de privilèges, haineux, et envieux, dans la compétition spirituelle.

L'*antisémitisme* moderne est l'une des nombreuses manifestations réactionnaires des médiocres contre l'éminence ; c'est une forme moderne d'*ostracisme*, dirigée contre un peuple entier. En tant que peuple, le judaïsme fait l'expérience du combat éternel de la quantité contre la qualité, des groupes de valeur moindre contre des individus de valeur plus élevée, des majorités de valeur moindre contre des minorités de valeur plus élevée.

Les principales racines de l'antisémitisme sont la *limitation* et l'*envie* [*Neid :* jalousie] : la limitation pour ce qui relève du religieux ou du scientifique ; l'envie pour ce qui relève du spirituel ou de l'économique.

Du fait qu'ils soient issus d'une communauté religieuse internationale et non d'une race locale, les Juifs sont le peuple au sang le plus mélangé ; du fait qu'ils soient isolés du reste des peuples depuis un millénaire, ils sont le peuple à la consanguinité la plus forte. Les élus réunissent donc en eux, à l'instar de la haute noblesse, la force de volonté avec l'acuité d'esprit, tandis qu'une autre partie des Juifs allient les manques de la consanguinité avec les manques du mélange sanguin : l'absence de caractère avec la limitation. Ici, le plus saint des sacrifices de soi côtoie le plus limité des égotismes, l'idéalisme le plus pur côtoie le matérialisme le plus crasse. Ici aussi la règle s'applique : plus un peuple est métissé, plus ses représentants [*Repräsentanten*] sont dissemblables les uns des autres, plus il est improbable de construire un type unique.

Là où il y a beaucoup de lumière, il y a aussi beaucoup d'ombre. Les familles géniales présentent un pourcentage plus élevé de fous et de voleurs que de médiocres ; *c'est aussi valable pour les peuples*. Il n'y a pas que l'aristocratie spirituelle révolutionnaire de demain — l'actuelle kakistocratie ploutocrate des trafiquants se recrute aussi particulièrement parmi les Juifs : et aiguise ainsi les armes démagogiques de l'antisémitisme. L'esclavage millénaire a retiré aux Juifs, à quelques rares exceptions près, les gestes des humains dominants [*Herrenmenschen*]. L'oppression permanente inhibe l'épanouissement de la personnalité : et retire ainsi un élément crucial de l'idéal esthétique de la noblesse. Une grande partie du judaïsme souffre de ce manque autant physiquement que psychiquement ; ce manque est la principale raison pour laquelle l'instinct européen se refuse à reconnaître le judaïsme en tant que race noble.

Le *ressentiment*[24] dont l'oppression a chargé le judaïsme, lui a donné beaucoup de motivation vitale [*vitale Spannung*] ; et lui a par contre retiré beaucoup d'élégante harmonie. Une consanguinité saturée, alliée à l'hyperurbanité du passé en ghetto, avait eu pour résultante beaucoup de marques de décadence physique et psychique. Ce que la tête des Juifs a gagné, leur corps souvent l'a perdu ; ce que leur cerveau a gagné, leur système nerveux l'a perdu.

Le judaïsme souffre donc d'une *hypertrophie du cerveau*, et se trouve ainsi en contradiction avec l'exigence noble d'un harmonieux épanouissement de la personnalité. La faiblesse physique et nerveuse de beaucoup de Juifs spirituellement [*geistig :* intellectuellement] éminents engendre à la longue [*zeitigt*] un manque de courage physique (souvent en lien avec le plus grand courage

---

[24] À propos de la notion de ressentiment et plus particulière du ressentiment des Juifs, cf. Nietzsche, Généalogie de la morale. Un écrit polémique (Zur Genealogie der Moral. Eine Streitschrift, 1887).

morale) et une incertitude [*Unsicherheit :* insécurité, manque de confiance en soi] dans la façon d'être : soit des singularités qui aujourd'hui encore semblent incompatibles avec l'idéal chevaleresque des humains de la noblesse.

Le peuple des dominants [Herrenvolk] spirituels que sont les Juifs doit ainsi souffrir sous les traits de l'esclave humain [Sklavenmenschen] qui a laissé son empreinte sur son développement historique : aujourd'hui encore, beaucoup de personnalités de leader juives manifestent un maintien et des gestes d'humain non libre et opprimé. Dans leurs gestes, les aristocrates déclinants sont souvent plus nobles que les Juifs éminents. Ces manques du judaïsme, occasionnés par le développement, disparaîtront aussi par le développement. La rusticalisation du judaïsme (l'un des buts principaux du sionisme), alliée à une éducation sportive, libérera le judaïsme des restes du Ghetto, qu'il porte aujourd'hui encore en lui. Le développement du judaïsme américain prouve le fait que ce soit possible. De la liberté et de la puissance effectives, que le judaïsme a gagnées, découlera la conscience de celles-ci, et de la conscience progressivement découleront le maintien et les gestes de l'humain libre et puissant.

Ce n'est pas seulement le judaïsme qui se transformera dans le sens de l'idéal occidental de noblesse — l'idéal occidental de noblesse fera lui aussi l'expérience d'une transformation qui retrouvera le judaïsme à la moitié du chemin. Dans une Europe du futur plus pacifique [*friedlicheren*], la noblesse se défera de son caractère belliqueux et l'échangera contre un caractère *spirituo-sacerdotal [geistig-priesterlichen]*. Un Occident pacifié et socialisé n'aura plus besoin de maîtres [*Gebieter*] et de dominants [*Herrscher*] — seulement de leaders [*Führer*], d'éducateurs et de modèles. Dans une Europe orientalisée, l'aristocrate du futur ressemblera davantage à un brahmane et à un mandarin qu'à un chevalier.

RÉSUMÉ

L'humain noble du futur ne sera ni féodal ni juif, ni bourgeois ni prolétaire : il sera *synthétique*. Les races et les classes, dans le sens d'aujourd'hui, disparaîtront, les personnalités demeureront.

Ce n'est qu'à travers l'alliance avec le meilleur sang bourgeois, que les éléments les plus capables de développement de la noblesse féodale d'antan s'élèveront vers une nouvelle apogée [*Blüte* : floraison, bourgeons] ; ce n'est qu'à travers l'union avec les sommets de l'européanité non juive, que l'élément juif de la noblesse du futur parviendra à son plein épanouissement. Une noblesse rustique, hautement élevée physiquement, pourrait offrir aux humains élus du futur un corps et des gestes accomplis, une noblesse urbaine hautement formée spirituellement pourrait leur offrir une physionomie spiritualisée, des yeux et des mains dotés d'âme.

La noblesse du passé était construite sur la *quantité :* la noblesse féodale sur le nombre d'ancêtres ; la noblesse ploutocrate sur le nombre de millions. La noblesse du futur reposera sur la *qualité :* sur la valeur personnelle, la perfection personnelle ; sur l'accomplissement du corps, de l'âme, de l'esprit.

Aujourd'hui, au seuil d'un nouvel âge, une *noblesse de hasard* [*Zufalladel*] s'est substituée à la noblesse d'héritage d'autrefois ; au lieu de races de nobles : des individus nobles ; des humains dont la composition hasardeuse du sang les élève au rang de modèle type.

De cette noblesse de hasard d'aujourd'hui sortira la

nouvelle race noble internationale et intersociale de demain. Toutes les personnes éminentes en beauté, en force, en énergie et en esprit se reconnaîtront et s'attacheront d'après les lois secrètes de l'attraction érotique. Que tombent d'abord les limites artificielles érigées entre les humains par le féodalisme et le capitalisme — ensuite les femmes les plus belles reviendront automatiquement aux hommes les plus significatifs, les hommes les plus accomplis aux femmes les plus éminentes. Plus un homme sera ensuite parfait dans le physique, le psychique et le spirituel — plus le nombre de femmes parmi lesquelles il pourra choisir sera grand. Seule sera libre l'alliance des hommes les plus nobles avec les femmes les plus nobles, et inversement — les personnes de valeur moindre devront se satisfaire de personnes de valeur moindre. Ainsi, le mode d'existence érotique des personnes de valeur moindre et médiocres sera l'amour libre, celle des élus : le *mariage libre*. La nouvelle noblesse de reproduction [*Zuchtadel* : noblesse disciplinée, noblesse d'élevage] du futur n'émergera donc pas des normes artificielles de la culture de castes humaine, mais plutôt des *lois divines de l'eugénisme érotique.*

Le classement naturel de la perfection humaine remplacera le classement artificiel : du féodalisme et du capitalisme.

Le socialisme, qui a commencé par l'abolition de la noblesse et par le nivellement de l'humanité, culminera dans la production [*Züchtung* : élevage, culture] de la noblesse, dans la différentiation de l'humanité. C'est ici, dans l'*eugénisme social*, que réside sa plus haute mission historique, qu'il ne reconnaît pas encore aujourd'hui : mener *d'une injuste inégalité, en passant par l'égalité, vers une inégalité juste,* en passant par les décombres de toute pseudo-aristocratie, vers une véritable nouvelle noblesse.

APOLOGIE DE LA TECHNIQUE — 1922

Motto : L'éthique est l'âme de notre culture — La technique son corps : Mens sana in corpore sanol

I. LE PARADIS PERDU

1. LA MALÉDICTION DE LA CULTURE

La culture a métamorphosé l'Europe en une maison de redressement [Zuchthaus] et la plupart de ses habitants en forçats. —

L'humain culturel moderne vivote plus misérablement que tous les animaux des contrées sauvages : les seuls êtres qui soient encore plus pitoyables que lui sont ses animaux domestiques — car ils sont encore moins libres.

Le Dasein d'un buffle dans la forêt primaire [*Urwalde :* forêt originelle, forêt primitive, forêt vierge], d'un condor dans les Andes, d'un requin dans les océans, est incomparablement plus beau, plus libre et plus heureux [*glücklicher :* chanceux] que celui d'un travailleur d'usine européen, qui, jour après jour, heure après heure, enchaîné à sa machine, doit effectuer des gestes inorganiques, pour ne pas mourir de faim.

L'humain aussi a été jadis, dans les temps primitifs [*Vorzeit :* temps d'avant, pré-temps], un être heureux : un animal heureux. Il vivait alors en liberté, en tant que partie d'une nature tropicale qui le nourrissait et le réchauffait. Sa vie consistait en la satisfaction de ses besoins [*Triebe :* pulsions, instincts] ; il la savourait, jusqu'à ce qu'une mort naturelle ou violente le frappe. *Il était libre ;* vivait dans la nature — au lieu de vivre dans un État [*statt im Staate*] ; il jouait — au lieu de travailler : c'est pourquoi il était beau et heureux. Son courage de vie [*Lebensmut :* optimisme] et sa joie de vivre étaient plus forts que tous les maux qui le frappaient, et que tous les dangers qui le menaçaient.

Au fils des millénaires, l'humain a perdu ce Dasein plaisant [*köstlich :* délicieux, amusant] et libre. L'Européen, qui se prend pour le sommet de la civilisation, vit dans des villes non naturelles et laides, une vie non naturelle, laide, non libre, malsaine et inorganique. Avec des instincts atrophiés et une santé affaiblie, il respire dans des espaces empoussiérés un air fétide ; la société organisée, l'État, lui dérobe toute liberté de mouvement et d'action, tandis qu'un climat rude le contraint au travail à perpétuité.

La liberté, qu'il possédait jadis, l'humain l'a perdue : et avec elle le bonheur [*Glück :* chance]. —

2. ÉPANOUISSEMENT ET LIBERTÉ

Le but final de tout Dasein terrestre est l'épanouissement [*Entfaltung :* déploiement] : la roche veut cristalliser, la plante croître et fleurir, l'animal et l'humain vivre pleinement. Le *plaisir* [*Lust :* désir, envie], qui n'est connu que des humains et des animaux, n'a aucune valeur en propre sinon celle de symptôme : l'animal ne satisfait pas ses instincts parce qu'il y prend du plaisir [*Lust*] — mais il éprouve du plaisir, parce qu'il satisfait ses instincts.

L'épanouissement signifie la croissance selon les lois de l'intériorité propre : *la croissance en liberté.* Chaque pression et contrainte extérieures inhibe la liberté de l'épanouissement. Dans un monde déterminé, la liberté n'a aucune autre signification que : la dépendance de lois internes, tandis que l'absence de liberté signifie : la dépendance de conditions [*Verhältnisse :* relations, rapports] externes. Le cristal n'a pas la liberté de se choisir n'importe quelle forme stéréométrique : le bourgeon n'a pas la liberté de s'épanouir en n'importe quelle fleur

[*Blüte*] : mais la liberté de la roche réside dans le fait de devenir cristal, la liberté du bourgeon dans le fait de devenir fleur. La roche non libre reste amorphe ou cristalline — la fleur non libre s'atrophie. Dans les deux cas, la contrainte extérieure est plus forte que la force intérieure. — *Le produit de la liberté humaine est l'humain épanoui ; le produit de l'absence de liberté humaine : l'humain atrophié.*

C'est parce que l'humain libre peut s'épanouir, qu'il est beau et heureux. L'humain libre et épanoui est le but de tout développement et la mesure de toute valeur humaine.

L'humain a perdu sa liberté d'antan : ce fut sa *chute originelle*. Il est ainsi devenu une créature malheureuse et imparfaite. Tous les animaux sauvages sont beaux — tandis que la plupart des humais sont laids[25] [*häßlich* : haïssables]. Il y a bien plus de tigres, d'éléphants, d'aigles, de poissons et d'insectes accomplis [*vollkommene* : parfaits] qu'il n'y a d'humains accomplis : car l'humain est, à travers la perte [*Verlust*] de sa liberté, atrophié et inabouti [*verkommen* : imparfait].

La légende du paradis perdu des temps primitifs [*Vorzeit*] énonce la vérité suivante, à savoir que l'humain est un banni hors du royaume de la liberté, de l'otium [*Muße* : loisir intelligent, temps libre] et de la vie naturelle, dans lequel aujourd'hui encore vit la faune de la forêt primaire, et duquel, parmi les humains actuels, quelques

---

[25] En allemand, la *laideur* [*häßlichkeit*], renvoie aussi à la *haine*. En un sens, ce qui est haïssable est laid (et vice versa), et ce qui est beau est aimable. À travers cette liaison sémantique, on peut peut-être mieux comprendre l'insistance d'Immanuel Kant (*Critique de la faculté de juger*) à vouloir dissocier la beauté de toute composante utilitariste.

insulaires des mers du Sud sont encore les plus proches.

Le paradis perdu est le temps du Dasein-animal humain sous les tropiques, quand il n'y avait encore aucune ville, aucun État, et aucun travail. —

3. SURPOPULATION ET MIGRATION VERS LE NORD

Deux choses ont chassé l'humain de son paradis : la surpopulation et la migration vers des zones plus froides.

À travers la *surpopulation*, l'humain a perdu la *liberté d'espace :* partout il se heurte à ses congénères et leurs intérêts — c'est ainsi qu'il est devenu *esclave de la société.*

À travers la *migration vers le nord*, l'humain a perdu la *liberté de temps :* l'otium. En effet le climat rude le contraint au travail contre sa volonté, pour pouvoir vivoter : c'est ainsi qu'il est devenu *esclave de la nature nordique.*

La culture a anéanti les trois formes de beauté qui transfiguraient le Dasein de l'humain naturel : la *liberté*, l'*otium*, la *nature*. Elle leur a substitué l'*État*, le *travail* et la *ville*.

L'Européen culturel est un banni du Sud, un banni de la nature. —

4. SOCIÉTÉ ET CLIMAT

Les deux maîtres tyranniques [Zwingherrn] de l'Européen culturel se nomment : la société et le climat.

La *non-liberté sociale* atteint son point culminant dans la grande ville moderne, car ici la foule et la surpopulation sont maximales. Comme les humains n'y vivent pas seulement les uns à côté des autres, mais plutôt entassés les uns sur les autres, emmurés dans des blocs de pierre artificiels (des maisons) ; constamment surveillés [*bewacht* : gardés] et suspectés à travers les organes de la société, ils doivent spontanément se plier à d'innombrables lois et prescriptions ; s'ils les enfreignent, ils sont martyrisés pendant des années par leurs congénères (incarcérés), ou bien assassinés (exécutés). — La non-liberté sociale est moins oppressante à la campagne que dans les villes, et elle est la moins oppressante dans les contrées peu peuplées, comme notamment l'Ouest américain, le Groenland, la Mongolie et l'Arabie. Là l'humain peut encore s'épanouir [*sich entfalten* : se déployer] dans l'espace, sans immédiatement entrer en conflit avec la société ; là il y a encore un reste de liberté sociale.

La non-liberté climatique est à son niveau d'oppression maximal dans les pays culturels du Nord. Là l'humain doit arracher à un sol peu ensoleillé, pendant les courts mois d'été, la nourriture pour l'année entière, et en même temps se protéger du froid hivernal en se procurant habillement, habitat et chauffage. Qu'il se refuse à ces travaux forcés [*Zwangsarbeit* : travail contraint], et il meurt alors de faim ou de froid. Le climat nordique le contraint donc à un travail forcé sans répit, éreintant et pénible. — La nature accorde plus de liberté dans les zones tempérées, où l'humain ne doit servir que ce seul maître tyrannique : la faim ; tandis que le second : le froid, est vaincu grâce au soleil. L'humain le plus libre est l'humain tropical, car là les fruits et les noix le nourrissent sans travail. Là seulement il y a encore de la liberté climatique.

L'Europe est en même temps une portion de terre surpeuplée et nordique : c'est pourquoi l'Européen est l'humain le moins libre, esclave de la société et de la nature.

La société et la nature font dériver leurs victimes l'une vers l'autre : l'humain qui fuit de la ville vers le désert pour y chercher la protection contre le foule de la société — se voit menacé par un climat impitoyable, par la faim et le froid. L'humain, qui fuit devant les violences de la nature vers la ville pour y chercher la protection chez ses congénères — se voit menacé par une société impitoyable, qui l'exploite et l'écrase. —

5. TENTATIVES DE LIBÉRATION DE L'HUMANITÉ

L'histoire du monde se compose des tentatives de libération de l'humain, hors du cachot de la société et de l'exil du Nord.

Les quatre chemins principaux par lesquels l'humain a essayé de revenir [*heimzukehren*] dans le paradis perdu de la liberté et de l'otium, ont été les suivants :

I. *Le chemin vers l'arrière (l'émigration)* : retour à la solitude et au soleil ! C'est dans ce but que depuis toujours les humains et les peuples migrent des portions de terre très densément peuplées vers de plus désertiques, des zones les plus froides vers de plus chaudes. Presque toutes les *invasions barbares* [*Völkerwanderungen* : migrations de peuples], ainsi qu'une grande partie des guerres, découlent de ce besoin original de liberté de mouvement, et de soleil.

II. *Le chemin vers le haut (la puissance)* : toujours plus haut, hors de la foule humaine, vers la solitude, la liberté et l'otium de la haute société[26] [*oberen Zehntausend*] ! Cet appel a résonné lorsque la puissance est devenue, à cause de la surpopulation, un prérequis de la liberté — à cause des conditions climatiques, un prérequis de l'otium. En effet seul le puissant peut s'épanouir sans avoir besoin de prendre de précautions vis-à-vis de ses congénères — seul le puissant peut se libérer de la contrainte du travail, en laissant les autres travailler pour lui. Dans les pays surpeuplés l'humain se trouve devant un choix, soit marcher sur la tête de ses congénères, soit laisser sa tête se faire piétiner par eux : être maître [*Herr* : monsieur] ou valet, voleur ou mendiant. — Ce besoin général de puissance a été le père des *guerres*, des *révolutions*, et des *combats* entre les humains.

III. *Le chemin vers l'intérieur (l'éthique)* : finie la foule extérieure, vive la solitude intérieure, fini le travail extérieur vive l'harmonie intérieure ! La libération des humains à travers la domination de soi [*Selbstbeherrschung*], l'autolimitation [*Selbstbeschränkung*], et le désintéressement [*Selbstlosigkeit*] ; le détachement des besoins matériels comme protection contre le besoin ; diminuent les exigences en matière d'otium et de liberté, jusqu'à ce qu'elles correspondent à ces minima que proposent une société surpeuplée et un climat rude. — *Tous les mouvements religieux* se réduisent à ce besoin de chercher un moyen de remplacer [*Ersatz*] l'absence de liberté et le travail extérieurs par la liberté du cœur et la paix de l'âme du cœur.

IV. *Le chemin vers l'avant (la technique)* : dehors, hors de l'époque du travail d'esclave, vers un nouvel âge de liberté et d'otium, en passant par la victoire de l'esprit

---

[26] L'expression « *oberen Zehntausend* », littéralement les « dix-mille du haut », désigne la « haute société ».

humain sur les forces de la nature ! Le dépassement de la surpopulation grâce à l'augmentation de la production, du travail d'esclave humain grâce à la mise en esclavage des forces de la nature. — Le *progrès technique* et *scientifique* découle de ces aspirations à briser la domination violente de la nature grâce à son asservissement. —

II. ÉTHIQUE ET TECHNIQUE

1. LA QUESTION SOCIALE

La question fatidique de la culture européenne est : « Comment est-il possible de protéger de la faim, du froid, de la mort et du surmenage une humanité entassée sur l'espace exigu d'une portion de terre froide et pauvre, et de lui donner la liberté et l'otium à travers lesquels seuls elle peut accéder au bonheur et à la beauté ? »

La réponse est : « À travers un développement de l'*éthique* et de la *technique* ». —

L'*éthique* peut métamorphoser l'Européen, à travers l'école, la presse et la religion, de prédateur [*Raubtier :* animal voleur] en animal domestique [*Haustier :* animal de maison], et par ce biais le rendre mature pour une communauté libre — la *technique* peut, à travers l'augmentation de la production et la métamorphose des travaux forcés humains en travail des machines, offrir à l'Européen le temps libéré et la force de travail, dont il a besoin pour la construction d'une culture.

L'éthique résout la question sociale de l'intérieur — la technique de l'extérieur. —

En Europe, seules deux classes humaines ont les présupposés pour le bonheur : les *riches*, qui peuvent faire et avoir tout ce qu'ils veulent — et les *saints*, qui ne veulent pas faire ou avoir plus que ce que leur destin leur accorde. Les riches se conquièrent une *liberté objective*, à travers leur pouvoir [*Macht*] de métamorphoser leurs congénères et les forces de la nature en organe de leur vouloir — les saints se conquièrent une *liberté subjective*, à travers l'indifférence avec laquelle ils affrontent les biens terrestres. Le riche peut s'épanouir vers l'extérieur — le saint vers l'intérieur.

Tout le reste des Européens sont des esclaves de la nature et de la société : des *forçats* et des *prisonniers*. —

2. INSUFFISANCE DE LA POLITIQUE

L'idéal de l'éthique est de faire de l'Europe une *communauté de saints* ; l'idéal de la technique est de faire de l'Europe une *communauté de riches*.

L'éthique veut abolir la convoitise, pour que les humains ne se *sentent* plus pauvres — la technique veut abolir la misère, pour que les humains ne *soient* plus pauvres.

La *politique* n'est en mesure ni de rendre les humains satisfaits, ni de les rendre riches. C'est pourquoi ses propres tentatives pour résoudre la question sociale sont vouées à l'échec. Ce n'est qu'en étant au service de l'éthique et de la technique que la politique peut participer à la résolution de la question sociale.

Dans l'état actuel de l'éthique et de la technique, le maximum de ce que la politique pourrait atteindre serait la *généralisation de la non-liberté, de la pauvreté et du travail forcé*. Elle ne pourrait que rendre ce mal partout égal [*ausgleichen*], et non le supprimer [*aufheben*] ; ne pourrait que faire de L'Europe une maison de redressement pour forçats égaux en droits — mais nullement un paradis. Le citoyen d'État de l'État social idéal serait moins libre et plus affligé que les insulaires des mers du Sud dans l'état de nature : l'histoire de la culture deviendrait l'histoire d'une fatale tromperie à l'encontre de l'humain.

3. ÉTAT ET TRAVAIL

Tant que l'éthique est trop faible pour protéger l'humain de ses congénères, et la technique trop sous-développée pour transférer sa charge de travail aux forces de la nature, — l'humanité cherche à repousser les dommages de la surpopulation à travers l'*État*, les dangers du climat à travers le *travail*.

L'État protège l'humain de l'arbitraire des congénères — le travail de l'arbitraire des violences de la nature.

L'*État forcé organisé* accorde sous certaines conditions à l'humain, qui a renoncé à sa liberté, la protection de la personne et de la propriété contre les désirs de meurtre et de vol de ses congénères — le *travail forcé organisé* accorde dans les contrées nordiques à l'humain, qui a renoncé à son temps et à sa force de travail, la protection contre la famine et le froid. —

Ces deux institutions commuent la peine de l'Européen, qui en tant que surnuméraire serait naturellement mort, en travaux forcés à vie. Pour vivoter, il doit donner sa liberté. En tant que citoyen d'État il est enfermé dans la carapace étroite de ses droits et devoirs — en tant que forçat, il est harnaché sous le dur joug de ses performances de travail. Qu'il se révolte contre l'État — le gibet le menace alors ; qu'il se révolte contre le travail — la mort de faim le menace alors. —

4. ANARCHIE ET OTIUM

L'État et le travail prétendent tout deux être des idéaux ; ils exigent de leurs victimes respect et amour. Cependant ils ne sont aucunement des idéaux : ce sont des nécessités sociales et climatiques lourdes à supporter.

Depuis qu'il y a des États, la nostalgie de l'humain rêve d'*anarchie*, de l'état idéal d'absence d'État — depuis qu'il y a le travail, la nostalgie de l'humain rêve d'*otium*, de l'état idéal du temps libre.

L'anarchie et l'otium sont des idéaux — non l'État et le travail.

L'*anarchie* est, dans une société densément peuplée n'ayant pas un haut niveau éthique, inapplicable. Sa réalisation anéantirait nécessairement les derniers restes de liberté et de possibilité de vie que l'État réserve à ses citoyens [*Bürgern*]. Dans la panique générale, les égoïsmes se collisionnant écraseraient les humains les uns contre les autres. Au lieu de conduire à la liberté, l'anarchie conduirait nécessairement à la pire non-liberté.

À travers l'*otium* généralisé dans une partie nordique du monde, en l'espace d'un mois la plupart des humains mourraient nécessairement de faim et de froid. La détresse et la misère atteindraient leur sommet. —

Les ermites-anarchistes dominent dans les déserts et les champs de neige, parmi les Esquimaux et les Bédouins ; l'otium domine dans les pays du Sud faiblement peuplés et féconds. —

5. DÉPASSEMENT DE L'ÉTAT ET DU TRAVAIL

L'État forcé et le travail forcé, ces deux protecteurs et maîtres tyranniques de l'humain culturel, ne peuvent être aplanis par aucune révolution politique ; seulement par l'éthique et la technique.

Tant que l'éthique n'a pas dépassé l'État forcé, l'anarchie signifie le meurtre et le vol généralisés — tant que la technique n'a pas dépassé le travail forcé, l'otium signifie la mort de faim et de froid généralisées.

Ce n'est qu'à travers l'éthique que l'habitant des pays surpeuplés peut se délivrer [*erlösen*] de la tyrannie de la société, ce n'est qu'à travers la technique que l'habitant des zones les plus froides peut se délivrer de la tyrannie des violences de la nature.

La *mission de l'État* est de se rendre lui-même superflu à travers l'encouragement de l'éthique, et de conduire finalement à l'anarchie — la *mission du travail* est de se rendre lui-même superflu à travers l'encouragement de la technique, et de conduire finalement à l'otium.

Ce n'est pas la communauté humaine volontaire qui est une malédiction — mais seulement l'État forcé ; ce n'est pas le travail volontaire qui est une malédiction — mais seulement le travail forcé.

Ce n'est pas l'absence de bridage qui est idéal — mais la liberté ; ce n'est pas l'oisiveté qui est idéale — mais l'otium.

L'État forcé et le travail forcé sont deux choses qui

doivent être dépassées[27] : mais elles ne peuvent être dépassées à travers l'anarchie et l'otium, tant que l'éthique et la technique ne sont pas mures ; pour y parvenir, l'humain doit développer l'État forcé pour encourager l'éthique — développer le travail forcé pour encourager la technique.

Le chemin vers l'anarchie éthique passe par l'État forcé — le chemin vers l'otium technique passe par le travail forcé.

La courbe de la spirale culturelle, qui mène du paradis du passé au paradis du futur, empreinte le double cours [*Doppellauf* : fusil à deux canons] suivant :

Anarchie naturelle — surpopulation — État forcé — éthique — anarchie culturelle ; Otium naturel — migration vers le nord — travail forcé — technique — otium culturel.

Nous nous situons aujourd'hui au milieu de ces deux courbes, tout aussi éloignés des deux paradis : d'où notre misère. L'Européen moyen moderne n'est plus un humain de nature — mais pas encore un humain de culture ; il n'est plus un animal — mais pas encore un humain ; il n'est plus une partie de la nature — mais pas encore maître de la nature. —

---

[27] « Zwangsstaat und Zwangsarbeit sind Dinge, die überwunden werden müssen » : cette phrase rappelle la phrase introductive de Zarathoustra, dans *Ainsi parlait Zarathoustra* de Nietzsche : « *Ich lehre euch den Übermenschen. Der Mensch ist Etwas, das überwunden werden soll. Was habt ihr getan, ihn zu überwinden?* » Friedrich Nietzsche, *Also sprach Zarathustra. Ein Buch für alle und keinen*, mit einem Nachwort von Walter Gebhard, Kröner Verlag, Stuttgart, 1988, p.8. [« *Je vais vous enseigner le surhumain*. L'humain est quelque chose qui doit être dépassé. Qu'avez-vous fait pour le dépasser ? »]

6. ÉTHIQUE ET TECHNIQUE

L'éthique et la technique sont sœurs : l'éthique domine les forces de la nature en nous, la technique domine les forces de la nature autour de nous. *Les deux cherchent à contraindre la nature à travers un esprit organisé [gestaltenden].*

L'éthique cherche à travers l'abnégation [*Verneinung :* le dire-non] héroïque à délivrer [*erlösen*] l'humain : à travers la *résignation* — la technique, à travers l'affirmation[28] [*Bejahung :* le dire-oui] héroïque : à travers l'*acte* [*Tat :* fait].

L'éthique retourne la volonté de puissance[29] [*Machtwillen*] de l'esprit vers l'intérieur : elle veut conquérir le microcosme. —

La technique retourne la volonté de puissance de l'esprit vers l'extérieur : elle veut conquérir le macrocosme.

Ni l'éthique *seule*, ni la technique *seule* ne peuvent

---

[28] Le substantif *Bejahung* peut faire penser aux trois métamorphoses nietzschéennes : de l'esprit du chameau avec son « tu dois » [*du sollst*], à l'esprit du lion avec son « je veux » [*ich will*], à, enfin, l'esprit de l'enfant du « saint dire-oui » [*ein heiliges Ja-sagen*]. « Unschuld ist das Kind und Vergessen, ein Neubeginnen, ein Spiel, ein aus sich rollendes Rad, eine erste Bewegung, ein heiliges Ja-sagen. » Friedrich Nietzsche, *Also sprach Zarathustra. Ein Buch für alle und keinen, Ibid.* p.27. [« L'enfant est innocence et oubli, un nouveau commencement, un jeu, une roue roulant d'elle-même, un premier mouvement, un saint dire-oui. »].

[29] Ici, R. N. Coudenhove-Kalergi n'emploie pas l'expression nietzschéenne de « *Wille zur Macht* » (« *volonté de puissance* »), mais l'expression antérieure contractée *Machtwillen*.

délivrer l'humain nordique : car une humanité qui a faim et froid ne peut être ni rassasiée ni réchauffée à travers l'éthique — car une humanité méchante [*böse*] et cupide ne peut être ni protégée d'elle-même ni satisfaite à travers la technique.

À quoi sert aux humains toute moralité[30] [*Sittlichkeit*], si en même temps ils meurent de faim et de froid ? À quoi sert aux humains tout progrès technique, si en même temps ils en mésusent, pour se massacrer et se mutiler les uns les autres ?

La *culture de l'Asie* souffre davantage de la surpopulation que du froid : elle a ainsi pu renoncer à la technique et s'adonner au développement éthique plus facilement que l'*Europe*, où l'éthique et la technique doivent se compléter. —

---

[30] La *Sittlichkeit* renvoie à la « vie éthique ». Ce terme a aussi été amplement utilisé et explicité par Hegel, tout au long de son œuvre. Notamment dans *Foi et Savoir* (1802), dans la *Phéoménologie de l'esprit* (1807), ou encore dans les *Principes de la philosophie du droit* (1820). La *Sittlichkeit* est parfois traduite plus précisément par « souci des bonnes mœurs et de la coutume ».

III. L'ASIE ET L'EUROPE

1. L'ASIE ET L'EUROPE

La grandeur de l'Asie réside dans son éthique — la grandeur de l'Europe dans sa technique. L'*Asie* est la maîtresse à penser du monde en matière de *domination de soi* [*Selbstbeherrschung*].

L'*Europe* est la maîtresse à penser du monde en matière de *domination de la nature.*

En Asie, le point clé [*Schwerpunkt* : centre de gravité] de la question sociale se situe dans la surpopulation — en Europe dans le climat.

L'*Asie* devait avant tout chercher à rendre possible un vivre ensemble pacifique entre des humains en surnombre : elle ne pouvait le faire qu'à travers une éducation des humains au désintéressement et à la domination de soi, à travers l'*éthique.*

L'*Europe* devait avant tout chercher à bannir les affres de la faim et du froid qui menaçaient constamment ses habitants : elle ne pouvait le faire qu'à travers le travail et les inventions, à travers la *technique.* —

La vie est composée de deux valeurs fondamentales : *l'harmonie et l'énergie ;* toutes les autres valeurs en découlent.

La grandeur et la beauté de l'Asie reposent sur l'harmonie.

La grandeur et la beauté de l'Europe reposent sur l'énergie ; l'Asie vit dans l'espace : son esprit est contemplatif, tourné en lui-même, calme et fermé ; il est féminin, végétal, statique, apollinien, classique, idyllique — *l'Europe vit dans le temps :* son esprit est actif, dirigé vers l'extérieur, agité et orienté vers un but [*zielstrebig :* appliqué] ; il est masculin, animal, dynamique, dionysiaque, romantique, héroïque.

Le symbole de l'Asie est la *mer* englobante [*allumfassende :* universelle], le *cercle* — *le symbole de l'Europe* est le *courant* se précipitant en avant, la *ligne droite.*

Ici se révèle le plus profond sens des symboles cosmiques *Alpha* et *Omega.* En langage des signes, ils nous permettent d'accéder [*vermittelt*] à cette mystique et toujours récurrente *polarité entre la force et la forme,* le temps et l'espace, l'humain et le cosmos, qui se cache derrière l'âme de l'Europe et de l'Asie : le *grand oméga,* le cercle, dont la large porte est ouverte sur le cosmos — est un symbole [*Sinnbild*] de l'*harmonie* divine de l'*Asie ;* le *grand alpha,* un angle pointu indiquant le haut, et qui perce l'oméga — est un symbole de l'activité humaine et de *l'orientation européenne vers un but,* rompant avec le calme éternel de l'Asie. A et Ω sont aussi, au sens freudien, les indéniables symboles des sexes masculin et féminin : l'union de ces signes signifie l'engendrement et la vie, et révèle l'éternel dualisme du monde. C'est la même symbolique qui, selon toute vraisemblance, se trouve également au fondement des chiffres 1 et 0 : le un fini en tant que protestation contre le zéro infini — oui contre non.

—

2. CULTURE ET CLIMAT

L'âme de l'Asie et de l'Europe sont issues du climat asiatique et européen. Les centres culturels de l'Asie sont situés dans des contrées *chaudes* — les centres culturels de l'Europe dans des contrées *froides*. C'est ce qui a généré leur attitude contradictoire face à la nature : là où le pays du Sud peut se sentir comme étant l'enfant et l'ami de sa nature généreusement dispendieuse — le pays du Nord est contraint d'arracher à un sol pauvre, dans un dur combat, tout ce dont il a besoin pour vivre ; il se trouve alors devant un choix : devenir soit le maître soit le valet de la nature — mais dans tous les cas son adversaire.

Au Sud, l'échange entre l'humain et la nature était pacifico-harmonieux — au Nord il était bellico-héroïque.

La *dynamique de l'Europe* s'explique par le fait qu'elle soit le *centre culturel nordique de la Terre*. Depuis des dizaines de milliers d'années, le froid et la pauvreté du sol placent l'Européen devant à un choix : « travaille ou meurt ! » Quiconque ne voulait ou ne pouvait travailler devait mourir de faim ou de froid. Au fil de nombreuses générations, l'hiver nordique a systématiquement éradiqué les Européens faibles, passifs, indolents et contemplatifs, et a donc engendré *un type d'humain [Menschenschlag] dur, actif, héroïque.*

Depuis les temps préhistoriques, l'humanité blanche, et depuis plus longtemps encore l'humanité blonde, lutte avec l'hiver, qui l'a blanchie tout autant qu'elle l'a forgée. L'Européen doit à cet endurcissement des temps anciens le fait d'avoir conservé jusqu'à aujourd'hui sa santé et sa force d'agir, en dépit de tous ses péchés culturels.

L'humain blanc est le fils de l'hiver, de l'éloignement du soleil : pour dépasser le froid, il a dû étendre ses muscles et son esprit aux plus hautes performances et créer lui-même un nouveau soleil ; il a dû dépasser, recréer, soumettre la nature éternellement ennemie.

Sous cette contrainte d'avoir à choisir entre l'acte et la mort, a émergé sur la frange nordique de chaque culture son type le plus fort, le plus héroïque : en Europe le *Germain* (Nor-mand) [*Nor-manne :* l'homme du nor, le normand], en Asie le *Japonais*, en Amérique l'*Aztèque*. — La chaleur contraint l'humain à limiter son activité au minimum — le froid le contraint à augmenter son activité au maximum.

L'humain actif et héroïque du Nord a toujours vaincu et conquis le Sud passif et harmonieux : par contre le Sud, plus cultivé, a ensuite assimilé et civilisé les humains nordiques barbares —, et ce jusqu'à ce que finalement lui-même soit aussi conquis, barbarisé, régénéré par un nouveau Nord.

La plupart des *conquêtes guerrières* dans l'histoire partent des peuples du Nord et se dirigent contre le Sud — la plupart des *troubles spirituo-religieux* partent des peuples du Sud et se retournent contre le Nord.

L'Europe a été conquise religieusement par les Juifs — militairement par les Germains : en Asie, les religions de l'Inde et de l'Arabie ont vaincu : — alors que le Japon est sa puissance [*Vormacht*] politique.

Les peuples actifs des zones les plus chaudes (les Arabes, les Turcs, les Tatars, les Mongols) ont émergé des déserts ou des steppes : ici, à la place de l'hiver nordique, c'est l'aridité du sol qui a été leur maître en discipline [*Zuchmeister*] : mais ici aussi s'accomplit inévitablement *la victoire de l'humain héroïque sur l'idyllique, de l'actif sur le passif, de l'affamé sur le rassasié. —*

3. LES TROIS RELIGIONS

La *chaleur de l'Inde,* qui paralyse toute activité, a créé cette *mentalité contemplative ;* le *froid de l'Europe,* qui contraint à l'activité, a créé cette *mentalité active ;* la *température tempérée de la Chine,* qui demande une harmonieuse alternance d'activité et de contemplation, a créé cette *mentalité harmonieuse. —* Ces trois températures ont engendré *trois types religieux fondamentaux :* le type *contemplatif, héroïque* et *harmonieux.*

La *religion* et l'éthique *héroïques* du Nord s'expriment dans les Eddas comme dans la vision du monde des chevaleries européenne et japonaise, et vivent leur résurrection dans l'enseignement de Nietzsche. Leurs plus hautes vertus sont le courage et la force d'agir, leur idéal est le combat, et le héros : *Siegfried.*

La *religion* et l'éthique *contemplatives* du Sud trouvent leur accomplissement dans le bouddhisme. Leurs plus hautes vertus sont le renoncement et la clémence, leur idéal est le paix, et le saint : *Bouddha.*

La *religion* et l'éthique *harmonieuses* du Milieu se sont épanouies à l'Ouest dans l'Hellas, à l'Est en Chine. Elles n'exigent ni l'ascèse du combat, ni le renoncement. Elles sont optimistes et d'ici-bas ; leur idéal est l'humain noble : le sage *Confucius,* l'artiste *Apollon.* L'idéal grec de l'humain apollinien se tient au milieu, entre le héros germanique Siegfried et le saint indien Bouddha. —

Toutes les formations religieuses et éthiques sont des combinaisons de ces trois types fondamentaux. Chaque religion qui se répand doit s'adapter à ces exigences climatiques. Le christianisme oriental se rapproche donc de la religion du Sud, le christianisme catholique de la religion du Milieu, le christianisme protestant de la religion du Nord. Il en va de même pour le bouddhisme à Ceylan, en Chine et au Japon. —

Le *christianisme* a transmis à notre culture les *valeurs asiatiques du Sud* ; la *Renaissance* nous a transmis les *valeurs antiques du Milieu* ; la *chevalerie* nous a transmis les *valeurs germaniques du Nord.* —

4. HARMONIE ET FORCE

Les valeurs culturelles européennes sont mélangées — son esprit est surtout nordique.

En bonté et en sagesse, l'Oriental est supérieur à l'Européen — en force et en intelligence, il lui cède la place.

L'*honneur* européen est une valeur héroïque — la *dignité* orientale une valeur harmonieuse.

Le combat prolongé endurcit le cœur, la paix prolongée l'adoucit. De là vient que l'Oriental est plus clément et doux que l'Européen. À quoi s'ajoute le fait que le passé social des Indiens, des Chinois, des Japonais et des Juifs soit largement plus ancien que celui des Germains, qui vivaient encore, il y a 2000 ans, dans l'anarchie : les Asiatiques ont donc pu mieux développer, et plus longtemps, leurs vertus sociales que les Européens.

La bonté du cœur correspond à la sagesse de l'esprit. La *sagesse* repose sur l'harmonie — l'*intelligence* sur l'acuité de l'esprit.

La *sagesse* est aussi un fruit du Sud mature, rare au Nord. Même les philosophes d'Europe sont rarement sages, leur éthique rarement clémente. La culture antique était encore plus riche en hommes sages, dont l'entière personnalité portait le sceau d'une spiritualité éclairée — alors que ce type dans l'Europe moderne (parmi les chrétiens) s'est quasiment éteint. C'est aussi lié à la jeunesse culturelle des Germains, ainsi qu'à la dimension passionnée de l'esprit européen. À cela s'ajoute le fait que dans le Moyen Âge chrétien les cloîtres, nichés au milieu d'un monde belliqueux et actif, aient été les seuls asiles pour la sagesse contemplative : les sages s'y sont retirés et éteints, victimes de leur vœu de chasteté.

Les images européennes du Christ ont l'air sérieux et triste — tandis que les statues du Bouddha sourient. Les penseurs d'Europe sont gravement sérieux — tandis que les sages d'Asie sourient : car ils vivent en harmonie avec eux-mêmes, la société et la nature, non en combat ; ils commencent chaque réforme par eux-mêmes au lieu des autres, et agissent [*wirken*] ainsi davantage à travers leur exemple qu'à travers des livres. Sur l'autre rive de leur pensée, ils trouvent à nouveau leur enfance — tandis que les penseurs européens deviennent précocement séniles.

Et pourtant l'*Europe* est, en son genre, aussi grande que l'Asie : mais sa grandeur ne réside ni dans la bonté, ni dans la sagesse — mais dans la *force d'agir* et dans l'*esprit d'inventeur*[31] [*Erfindergeist* : esprit-de-celui-qui-trouve-en

---

[31] Le verbe *Erfinden* (et ses dérivés *Erfindung, Erfinder, erfinderisch*), traduit par « *inventer* » (*invention, inventeur, inventif*) dans le présent texte, est formé à partir du verbe *trouver* [*finden*], auquel s'ajoute le préfixe « *er* » (marquant le fait que l'action ait été menée à son terme, à son but). Il ne correspond pas complètement aux termes *inventer, innover, découvrir*. L'accent du terme allemand est mis sur la recherche

— cherchant].

L'Europe est l'héroïne du monde ; sur chaque front de combat de l'humanité, elle est à la pointe des peuples : dans la *chasse*, la *guerre* et la *technique*, l'Européen a plus œuvré que n'importe quel peuple culturel historique, avant lui ou à côté de lui. Il a éradiqué de ses pays presque tous les animaux dangereux ; il a vaincu et soumis presque tous les peuples de couleur sombre, et pour finir, à travers l'invention et le travail, à travers la science et la technique, il a acquis sur la nature une puissance telle, que jamais ni nulle part il ne fut tenu comme possible dans acquérir autant.

La *mission mondiale de l'Asie* est la délivrance [*Erlösung :* rédemption] de l'humanité grâce à l'éthique — la *mission mondiale de l'Europe* est la délivrance de l'humanité grâce à la technique.

Le symbole de l'Europe n'est ni le sage, ni le saint, ni le martyr — mais le héros, le combattant, le vainqueur et le libérateur. —

(chercher / trouver [*finden*]), sur le processus (*er* : en cherchant, on a trouvé / pour trouver, on a cherché). La *dé-couverte* retire le voile, découvre ; l'*innovation* renvoie au caractère de ce qui est nouveau. L'*invention* (de par sa racine latine « *invenio* », rencontrer, trouver) est encore le terme se rapprochant au mieux — *trouvaille* est un peu familier et anecdotique, *trouveur* est un néologisme auquel manque, de toute façon, l'ajout du préfixe marquant l'action, le processus et son accomplissement.

IV. LA MISSION TECHNIQUE MONDIALE DE L'EUROPE

1. L'ESPRIT EUROPÉEN

Avec les *temps modernes* [*Neuzeit :* temps nouveau] commence la grande mission culturelle de l'Europe. L'essence de l'Europe est la volonté de *changer* et d'améliorer *le monde à travers des actes*. L'Europe se précipite consciemment du présent vers le futur ; elle se trouve en état de perpétuelles émancipation, réforme et révolution ; elle est en recherche de nouveautés, sceptique, impie et lutte avec ses habitudes et ses traditions.

Dans la mythologie juive, l'esprit européen correspond à *Lucifer* — dans la mythologie grecque à *Prométhée :* le porteur de lumière, qui amène l'étincelle divine sur Terre, qui se révolte contre l'harmonie célesto-asiatique, contre l'ordre du monde divin, le prince de cette Terre, le père du combat, de la technique, des Lumières [*Aufklärung*] et du progrès, le leader [*Führer*] de l'humain dans sa lutte contre la nature.

L'esprit de l'Europe a brisé le despotisme politique, et la domination violente des forces de la nature. L'Européen ne se dévoue pas à son destin, il cherche plutôt à le maîtriser à travers l'action et l'esprit : en tant qu'*activiste* et que *rationaliste*.

2. L'HELLAS EN TANT QUE PRÉ-EUROPE

L'Hellas[32] a été le précurseur de l'Europe ; elle a pour la première fois fait l'expérience de la différence d'essence entre elle et l'Asie, et découvert son âme activisto-rationaliste. Son Olympe n'était pas un paradis de paix — mais plutôt un lieu de combat ; son plus haut dieu était un rebelle impie. L'Hellas a déchu ses rois et ses dieux — et mis à leur place l'État du citoyen [*Bürgers :* bourgeois, habitant du bourg] et la religion de l'humain.

Cette *période européenne de la Grèce* a commencé avec la chute de la tyrannie et s'est achevée avec le despotisme [*Despotie*] asiatique d'Alexandre et des diadoques ; il a trouvé une courte suite dans la Rome républicaine pour ensuite se perdre définitivement dans l'empire romain.

Alexandre le Grand, les rois hellénistiques et les empereurs romains ont été les héritiers de l'idée asiatique de grande royauté. L'empire romain ne se différenciait aucunement en termes d'essence des despotismes orientaux de Chine, de Mésopotamie, d'Inde ou de Perse. —

Au Moyen Âge, l'Europe était une province spirituelle de la culture de l'Asie. Elle était gouvernée par la religion asiatique du Christ. Sa culture religieuse, son atmosphère fondamentalement mystique, sa forme d'État monarchique, ainsi que le dualisme entre les papes et les empereurs, les moines et les chevaliers, étaient asiatiques.

---

[32] L'Hellas est le nom grec de la Grèce actuelle. En allemand le terme est parfois utilisé pour se référer à une forme de Grèce antique. Le nom Hellas vient de Hellen, héros grec, fils de Deucalion et de Pyrrha ; Deucalion étant le fils du titan Prométhée et de Pronoia.

Ce n'est qu'avec l'émancipation de l'Europe d'avec le christianisme — qui a commencé avec la Renaissance et la Réforme, s'est poursuivie avec les Lumières [*Aufklärung*] et a atteint son point culminant avec Nietzsche — que l'Europe est revenue à elle et s'est spirituellement séparée de l'Asie. —

La culture européenne est la culture des temps modernes [Neuzeit]. —

3. LES FONDEMENTS TECHNIQUES DE L'EUROPE

Le monde de Philippe II[33] n'a aucunement signifié, en termes d'essence, un progrès culturel par rapport au monde d'Hammurabi[34] : ni dans l'art, ni dans la science, ni dans la politique, ni dans la justice, ni dans l'administration.

En l'espace des deux millénaires et demi qui nous séparent de Philippe, le monde a plus fondamentalement changé qu'en l'espace des deux millénaires et demi précédents.

C'est la *technique* qui a réveillé l'Europe de son asiatique sommeil de Belle au bois dormant médiévale. Elle a vaincu la chevalerie et le féodalisme à travers l'invention de l'arme à feu — elle a vaincu la papauté et la superstition à travers l'invention de l'imprimerie ; à travers la boussole [*Kompaß* : compas] et la technique navale, elle a ouvert à

---

[33] Philippe II de Macédoine (382-336), roi de Macédoine, père d'Alexandre le Grand.

[34] Code de Hammurabi : codex législatif de la Mésopotamie antique. Il remonterait à 1750 avant notre ère, environ.

l'Européen les parties du monde étrangères, qu'elle a ensuite, à l'aide de la poudre, conquises.

Le progrès des *sciences* modernes ne peut pas être séparé du *développement de la technique :* sans télescope il n'y aurait pas d'astronomie moderne, sans microscope pas de bactériologie.

L'*art* moderne aussi est étroitement lié à la technique : la musique instrumentale moderne, l'architecture moderne, le théâtre moderne, reposent en partie sur des fondements techniques. L'effet [*Wirkung*] de la photographie sur la peinture de portrait va, dans tous les cas, se renforcer : car dans la mesure où la photographie est insurpassable pour la reproduction des formes du visage, elle contraindra la peinture à se replier sur son propre champ et à s'en tenir à l'essence, à l'âme de l'humain. — Un effet similaire à celui de la photographie sur la peinture pourrait s'exercer du cinématographe sur le théâtre.

La *stratégie* moderne s'est fondamentalement modifiée sous l'influence de la technique. D'une science psychologique, l'art de la guerre est devenu une science surtout technique. Les méthodes de guerre actuelles se différencient des méthodes médiévales plus essentiellement que ces dernières ne se différencient de la manière de combattre des peuples de la nature.

L'entière *politique* du présent est sous le signe du développement technique : la démocratie, le nationalisme, et l'éduction du peuple [*Volksbildung :* formation du peuple] découlent de l'invention de l'imprimerie ; l'industrialisme et l'impérialisme colonial, le capitalisme et le socialisme sont des phénomènes consécutifs au progrès technique et au repositionnement de l'économie mondiale qu'il a conditionné. Tout comme l'agriculture crée une mentalité patriarcale, le travail manuel une mentalité individualiste — de même le travail industriel collectif, organisé, crée la mentalité socialiste : l'organisation technique du travail se reflète en retour dans l'organisation socialiste des travailleurs.

Pour finir, le progrès technique a modifié l'*Européen* lui-même : il est devenu plus agité, plus nerveux, plus instable, plus vif, plus présent d'esprit, plus rationaliste, plus actif, plus pratique et plus intelligent.

Si nous soustrayons de notre culture tous ces phénomènes consécutifs à la technique, ce qui reste n'est en aucun cas plus haut que la culture de l'Égypte ancienne ou que la culture de la Babylone antique — est même plus bas à de multiples égards.

L'Europe doit aussi à la technique son avancée devant toutes les autres cultures. Ce n'est qu'à travers elle qu'elle est devenue la maîtresse et la leader [*Führer :* guide] du monde.

L'Europe est une fonction de la technique.

L'Amérique est la plus haute amélioration de l'Europe. —

4. LE TOURNANT MONDIAL DE LA TECHNIQUE

L'âge technique de l'Europe est un événement mondialement historique, dont la signification est à comparer avec l'*invention du feu* dans les temps primordiaux de l'humanité. Avec l'invention du feu a commencé l'histoire de la culture humaine, a commencé le devenir-humain de l'humain-animal. Tous les progrès de l'humanité suivants, spirituels et matériels, se construisent sur cette découverte de l'*Européen primordial Prométhée*.

La technique désigne un *point charnière dans l'histoire de l'humanité*, semblable au feu. Dans des dizaines de milliers d'années, l'histoire sera partitionnée en une époque *pré-technique* et une époque *post-technique*. L'Européen, — qui à ce moment-là se sera éteint depuis longtemps —, sera loué par cette humanité future, en tant que père du tournant technique mondial, comme un rédempteur [*Erlöser :* « délivreur »].

Les possibilités d'effectuation [*Wirkungsmöglichkeiten*] de l'âge technique, au début duquel nous nous situons, sont inestimables. Il créé les fondements matériels pour toutes les cultures à venir, qui, de par leur base modifiée, se différencieront essentiellement de toutes les précédentes jusque-là.

Toutes les cultures jusque-là, de celle de l'Égypte ancienne et de la Chine jusqu'à celle du Moyen Âge, ont été à peu près semblables les unes aux autres dans leur déroulement et dans leur épanouissement, parce qu'elles reposaient sur les mêmes présupposés techniques. Des premiers temps égyptiens jusqu'à la sortie du Moyen Âge, la technique n'a enregistré aucun progrès essentiel.

La culture qui émergera de l'âge technique se tiendra tout aussi haut par rapport aux cultures antique et médiévales — que celles-ci par rapport à l'âge de pierre.

5. L'EUROPE EN TANT QUE TANGENTE CULTURELLE

L'Europe n'est pas un cercle culturel [*Kulturkreis*] —

c'est une tangente culturelle : la tangente du cycle plus grand des cultures orientales, qui sont nées, ont fleuri et sont passées, pour renaître rajeunies en d'autres endroits. L'Europe a fait sauter ce cycle de la culture et elle a dans sa voie tracé une direction qui amène vers des modes de vie [*Lebensformen :* formes de vie] inconnus.

À l'intérieur des cultures orientales de l'Est et de l'Ouest, tout avait déjà été là [*dagewesen*] : la culture technique de l'Europe cependant est *quelque chose qui n'a jamais été auparavant* [*Niedagewesenes*], quelque chose de vraiment nouveau.

L'Europe est un passage [*Übergang*] *entre d'un côté l'ensemble* [*Komplex*] *de toutes les cultures historiques précédentes, formant un tout en soi, et d'un autre côté les formes de culture du futur*[35].

Un âge, comparable à celui de l'Europe en termes de signification et de dynamique, et dont nous avons cependant perdu les traces, doit avoir précédé les cultures antiques babylonienne, chinoise et égyptienne. Cette *pré-*

---

[35] Ein gefährliches Hinüber, ein gefährliches Auf-dem-Wege, ein gefährliches Zurückblicken, ein gefährliches Schaudern und Stehenbleiben. Was groß ist am Menschen, das ist, daß er eine Brücke und kein Zweck ist: was geliebt werden kann am Menschen, das ist, daß er ein *Übergang* und ein *Untergang* ist. » Friedrich Nietzsche, *Also sprach Zarathustra. Ein Buch für alle und keinen,* mit einem Nachwort von Walter Gebhard, Kröner Verlag, Stuttgart, 1988, p.11. [« L'humain est une corde tendue entre l'animal et le surhumain — une corde au — dessus d'un abîme. Un dangereux Passé-de-l'autre-côté, un dangereux Sur-le-chemin, un dangereux Regarder-en-arrière, un dangereux Tressaillir et Rester-planté. Ce qu'il y a de grand dans l'humain c'est qu'il est un pont et nullement un but : ce qui peut être aimé dans l'humain, c'est qu'il est un *dépassement-par-dessus* et un *déclin-par-dessous.* »]

Europe préhistorique a créé les fondations pour toutes les cultures des derniers millénaires ; à l'instar de l'Europe moderne, c'était une tangente de la culture qui s'était détachée du cycle des pré-cultures préhistoriques.

Le déroulement de la grande histoire mondiale se compose des cycles culturels asiatiques et des tangentes européennes. Sans ces tangentes (qui sont seulement européennes dans le sens spirituel et non dans le sens géographique du terme) il n'y aurait que de l'épanouissement, et pas de développement. Après une longue période de maturité, un peuple génial se détache toujours à nouveau de l'obscurité des temps, fait sauter le déroulement naturel de la culture et élève l'humanité à un niveau plus haut.

Les *inventions*, non les récits ou les religions, désignent ces niveaux du développement des cultures : l'invention du bronze, du fer, de l'électricité. Ces inventions forment le legs [*Vermächtnis* : transfert de puissance] éternel d'un âge pour toutes les cultures à venir. De l'antiquité il ne restera rien — tandis que les temps modernes [*Neuzeit*] enrichissent la culture à travers la victoire sur l'électricité et d'autres forces de la nature : ces inventions survivront à Faust, à la Divine Comédie et à l'Iliade.

Avec le Moyen Âge s'est clos le cercle culturel du fer — avec les temps modernes commence le cercle culturel des machines : *ce n'est pas une nouvelle culture qui commence ici — plutôt un nouvel âge.*

Le créateur de cet âge technique est le génial peuple-des-Prométhéens[36], l'Européen germanisé. La culture moderne

---

[36] Les Prométhéens [*Promethiden*] sont, dans la littérature allemande,

repose tout autant sur son esprit d'inventeur que sur l'éthique des juifs, l'art des Hellènes et la politique des Romains. —

6. LIONARDO ET BACON

Au commencement de l'*âge technique,* deux grands Européens ont anticipé le sens de l'Europe :

Lionardo da Vinci et *Bacon de Verulam.*

Lionardo s'est consacré avec la même passion aux tâches techniques qu'aux tâches artistiques. Son problème de prédilection était le vol humain, dont notre époque a étonnamment vécue [*miterlebt*] sa solution.

En Inde cela doit donner des yogis, qui à travers l'éthique et l'ascèse peuvent supprimer [*aufheben*] la force de gravité et flotter dans les airs ; en Europe, l'esprit d'inventeur des ingénieurs et sa matérialisation [*Materialisation*] : l'avion, a vaincu la force de gravité de façon technique. La *lévitation* et la *technique de vol* représentent symboliquement les chemins asiatique et européen vers la puissance et la liberté. —

Bacon fut le créateur de l'audacieuse utopie technique « *Nova Atlantis* ». Son caractère technique se différencie essentiellement de toutes les utopies précédentes ; de Platon

---

les enfants humains de Prométhée. Le terme se retrouve notamment dans l'ouvrage de Siegfried Lipiner (1856-1911), *Der Entfesselte Prometheus. Eine Dichtung in 5 Gesängen* (1876) [*Prométhée déchaîné. Un récit en 5 chants*].

à More[37].

La transformation de la pensée médiévo-asiatique en une pensée temps-moderno-européenne s'exprime dans l'opposition entre *l'« Utopia » éthico- politique de More et la « Nova Atlantis » technoscientifique de Bacon.* More voit encore dans les réformes socio-éthiques le levier de l'amélioration du monde — Bacon dans les inventions techniques.

More était encore un chrétien — Bacon déjà un Européen. —

---

[37] Thomas More (1478–1535).

V. CHASSE — GUERRE — TRAVAIL

1. PUISSANCE ET LIBERTÉ

L'humain contemplatif vit en paix avec son environnement — l'actif, en perpétuel état de guerre[38]. Pour se maintenir, s'imposer et s'épanouir, il doit constamment repousser, anéantir et réduire en esclavage les forces [*Kräfte*] étrangères et ennemies.

Le combat pour la vie est un combat pour la *liberté* et la *puissance*. Vaincre [*siegen*] signifie : imposer sa volonté. C'est pourquoi seul le vainqueur est libre, seul le vainqueur est puissant. Entre la liberté et la puissance, aucune frontière ne peut être tracée : la pleine jouissance de sa propre liberté blesse les intérêts d'autrui ; la puissance est la seule assurance d'une liberté sans entrave.

Le combat de l'humanité pour sa liberté coïncide avec son combat pour la puissance. Dans le déroulement de celui-ci, elle a conquis et contraint la Terre entière : le *règne animal* à travers la chasse et l'élevage — le *règne végétal* à travers l'agriculture — le *règne minéral* à travers l'exploitation minière — les *forces de la nature* [*Naturkräfte*] à travers la technique. D'un animal effacé et faible, *l'humain* s'est propulsé *au rang de maître de la Terre.* —

2. CHASSE

---

[38] Cette phrase peut faire écho au traité *Vers la paix perpétuelle* [*Zum ewigen Frieden*], d'Immanuel Kant (philosophe de l'Aufklärung).

La première phase du combat humain a été l'*âge de la chasse*.

À travers un combat ayant duré des centaines de milliers d'années, l'humain a gagné la domination sur le monde animal. Ce combat victorieux de l'humain relativement faible contre toutes les espèces animales sauvages, éradiquées ou encore existantes, plus grandes et plus sauvages que lui, est à comparer dans sa grandeur avec la conquête du monde antique par le petit village latin de Rome.

L'humain a vaincu toutes les cornes et toutes les dents, toutes les pattes et toutes les griffes de ses rivaux physiquement mieux charpentés que lui, à travers l'arme seule de son entendement supérieur, qui s'est continuellement aiguisé au cours de ce combat.

Les objectifs du combat humain contre son ennemi animal ont été défensifs et offensifs : la *défense* et la *mise en esclavage*.

Au début, l'humain s'est contenté de rendre les animaux ennemis inoffensifs à travers la défense et l'élimination [*Vertilgung*] ; plus tard il a commencé à les apprivoiser et à s'en servir. Il a métamorphosé les loups en chiens, les buffles en bœufs, les sauvages éléphants, chameaux, rennes, ânes, chevaux, lamas, chèvres, moutons et chats en animaux apprivoisés. Ainsi, à partir d'une nuée de rivaux des temps anciens il s'est soumis une armée [*Heer*] d'esclaves animaux, un arsenal de machines vivantes, qui ont travaillé et combattu à son service, qui ont augmenté sa liberté et sa puissance.

3. GUERRE

Pour affirmer et augmenter la puissance accumulée, l'humain est passé au fait de combattre ses congénères avec les mêmes méthodes, comme le monde animal. L'âge de la chasse s'est transformé en un *âge de la guerre*. L'humain a lutté avec l'humain pour la division de la Terre conquise au monde animal. Le plus fort [*Stärkere*] a repoussé, éliminé ou réduit en esclavage le plus faible : *La guerre a été une forme spéciale de chasse, l'esclavage une forme spéciale de gardiennage d'animaux.* Dans le combat pour la puissance et la liberté, l'humain le plus fort, le plus audacieux, le plus intelligent a vaincu le plus faible, le plus lâche, le plus stupide. La guerre aussi a aiguisé l'esprit humain, forgé la force de l'humain [*Menschenkraft*]. —

4. TRAVAIL

Ni la chasse ni la guerre seules ne pouvaient à la longue nourrir l'humain : il a dû procéder une fois de plus à un changement de front et entamer un combat contre la nature sans vie. L'*âge du travail* commença. Les guerres et les aventures de chasse apportaient encore de la gloire et des sensations — mais le point clé [*Schwerpunkt :* centre de gravité] de la vie s'était déplacé vers le travail, car lui seul lui apportait la nourriture dont il a besoin pour son maintien.

Le travail a été une forme spéciale de guerre — la *technique une forme spéciale d'esclavage :* au lieu des humains, les forces de la nature ont été vaincues et réduites en esclavage.

À travers le travail, l'humain a combattu la faim : il s'est soumis le sol et les fruits des champs et en a récolté les produits. À travers le travail, l'humain a combattu le froid de l'hiver : il a construit des maisons, tissé des étoffes, abattu du bois. C'est ainsi qu'il s'est protégé, à travers le travail, des violences hostiles de la nature. —

5. LA GUERRE EN TANT QU'ANACHRONISME

La *chasse*, la *guerre* et le *travail* sont si multiplement passés les uns dans les autres qu'il est impossible de les séparer chronologiquement les uns des autres. Précédemment, l'âge de la chasse s'est déroulé en parallèle à celui de la guerre pendant des milliers d'années — tout comme aujourd'hui l'âge de la guerre se déroule en parallèle à celui du travail ; mais le point clé [*Schwerpunkt :* centre de gravité] du front de combat s'est déplacé et se déplace constamment. Tandis qu'originellement la chasse se situait au centre des capacités humaines, par suite la guerre s'y est substituée, et pour finir le travail.

La guerre, qui jadis était essentielle et nécessaire au progrès de la culture, a perdu cette signification et est devenue un dangereux nuisible de la culture. Aujourd'hui, les guerres ne désignent pas les étapes du progrès — plutôt les inventions.

Les combats décisifs de l'humanité pour la liberté et la puissance se jouent aujourd'hui sur le front du travail.

Dans un temps où la Guerre mondiale n'intéressera plus que les historiens, notre siècle charnière demeurera glorieux en tant qu'heure de naissance du vol humain.

De même que dans l'âge de la guerre la chasse s'est maintenue en tant qu'anachronisme — se maintient aussi dans l'âge du travail *la guerre en tant qu'anachronisme*. Mais dans cette époque, *chaque guerre est une guerre civile*

[*Bürgerkrieg*], parce qu'elle se dirige contre des combattants alliés et perturbe le front général du travail.

Dans l'âge du travail, l'exaltation de la guerre est tout aussi inactuelle que l'exaltation de la chasse dans l'âge de la guerre. Initialement, le tueur de dragons et de lions était le héros ; puis ce fut le commandant en chef [*Feldherr*] ; et finalement l'*inventeur*.

Lavoisier a plus œuvré pour le développement humain que Robespierre et Bonaparte réunis.

Tout comme dans l'époque de la chasse le chasseur dominait, dans l'époque de la guerre le guerrier — de même le travailleur dominera dans l'âge du travail. —

6. TECHNIQUE

L'âge du travail se décompose en celui de l'*agriculture* et celui de la *technique*.

En tant qu'agriculteur, l'humain est surtout *défensif* par rapport à la nature — en tant que technicien, il est *offensif*.

Les méthodes du travail correspondent à celles de la guerre et de la chasse : la *défense* et la *réduction en esclavage*. L'époque de l'agriculture se limite à repousser la faim et le froid — alors que la technique passe au fait de réduire en esclavage les forces de la nature autrefois ennemies. L'humain domine aujourd'hui la vapeur et l'électricité ainsi qu'une armée d'esclaves faite de machines. Avec elles il ne se défend pas seulement de la faim et du froid, des catastrophes naturelles et des maladies — il entreprend plutôt de lutter même contre les limites de l'espace, du temps et de la force de gravité. Son combat pour la *liberté contre les forces de la nature* se change en une lutte pour le *pouvoir* [*Macht*] *sur les forces de la nature* [*Naturkräfte*]. —

La *technique* est l'utilisation pratique de la science pour la domination de la nature ; à la technique, entendue au sens le plus large du terme, appartiennent aussi la *chimie* en tant que technique de l'atome et la *médecine* en tant que technique organique.

La technique spiritualise le travail : à travers elle il réduit la charge de travail et augmente le rendement du travail.

La *technique* repose sur une *attitude héroïque et activiste face à la nature ;* elle ne veut pas se plier à la volonté des forces de la nature, mais plutôt la dominer. *La volonté de puissance*[39] [*Wille zur Macht*] *est le mobile* [*Triebfeder :* ressort de pulsion] *du progrès technique.* Dans les forces de la nature, le technicien voit des maîtres tyranniques à déchoir, des adversaires à vaincre, des bêtes féroces à apprivoiser.

---

[39] R. N. Coudenhove-Kalergi utilise le syntagme forgé par Nietzsche : *Wille zur Macht*. La traduction reprise ici, à savoir « *volonté de puissance* », est problématique comme expliqué dans la note 1. Traduire la *Wille zur Macht* par *volonté de puissance* présente le risque d'un glissement vers une sorte de volonté mégalomane plus ou moins superstitieuse d'augmenter ses potentialités, alors qu'il s'agit d'un processus, d'un passage vers l'actualisation : du *Wille* (forme substantivée de *vouloir-wollen*) vers la *Macht* (forme substantivée de *faire-machen*) ; du potentiel vers l'actuel, de l'intention vers l'effectuation. Le syntagme *volonté de puissance* efface complètement ce processus, cette activation, cette réalisation.

La technique est un enfant de l'esprit européen. —

VI. LA CAMPAGNE MILITAIRE DE LA TECHNIQUE

1. LA MISÈRE DE MASSE EUROPÉENNE

À travers l'augmentation de la surpopulation, la situation de l'Européen devient toujours plus inquiétante ; en dépit de tous les progrès techniques jusque-là, il se trouve encore dans un état vraiment lamentable. Il a fait reculer les spectres de la faim et du froid — mais au prix de sa liberté et de son otium.

Le terrible travail forcé commence pour l'Européen dans sa septième année avec l'école forcée, et ne s'achève habituellement qu'avec la mort. Son enfance est empoisonnée par la préparation au combat pour la vie, qui va lui dévorer durant les décennies suivantes l'entièreté de son temps et de sa personnalité, de sa force vitale et de sa joie de vivre. Au-dessus de l'otium se dresse la peine de mort : l'Européen moyen non fortuné se trouve devant un choix : soit travailler jusqu'à l'épuisement, soit affamer tous ses enfants. Le fouet de la faim le pousse à continuer de travailler, en dépit de l'épuisement, du dégoût et de l'aigrissement [*Erbitterung :* exaspération].

Les peuples européens ont entrepris deux essais pour améliorer cet état lamentable : la *politique coloniale* et le *socialisme*. —

2. POLITIQUE COLONIALE

La première forme de politique coloniale consiste en la conquête et la colonisation de portions de terre faiblement peuplées, par des nations souffrant de surpopulation. La *migration* est en effet en mesure de sauver des pays de la surpopulation et d'assurer aux humains, pour qui la foule européenne devient insupportable, un Dasein libre et humainement digne. La migration propose encore à des millions d'humains une issue hors de l'enfer européen et devrait donc de toute façon être encouragée. —

La deuxième forme de politique coloniale repose sur *l'exploitation des portions de terre plus chaudes et des peuples de couleur.* Les humains des races du Sud sont contraints et délogés hors de leur otium doré, par les canons et les fusils européens, à travailler au service de l'Europe. Le Nord plus pauvre mais plus fort pille systématiquement le Sud plus riche mais plus faible ; il lui vole richesse, liberté et otium et transforme ce vol en une augmentation de sa propre richesse, de sa propre liberté et de son propre otium.

Quelques peuples européens doivent à ce moyen du vol, de l'exploitation et de l'esclavage, une partie de leur prospérité, qui les place en situation de pouvoir améliorer le sort de leurs propres [*einheimischen*] travailleurs. —

À la longue, ce moyen doit échouer : car son inéluctable conséquence est un *monstrueux soulèvement des esclaves*, qui finira par balayer les Européens hors des colonies colorées et détruira ainsi le fondement tropical de la culture européenne. —

La migration n'est de même qu'un *moyen provisoire :* actuellement certaines colonies sont déjà aussi densément peuplées que leur pays maternel et nourrissent la même misère. Le temps viendra, où il n'y aura plus de région vide d'humains sur Terre.

En attendant, d'autres moyens doivent être trouvés pour contrer la fatalité européenne. —

3. POLITIQUE SOCIALE

Le *socialisme* a entrepris le deuxième essai pour soulager la misère de masse européenne.

Le socialisme veut bannir l'enfer européen à travers une répartition uniforme de la charge de travail et du rendement du travail.

Il ne fait aucun doute que le sort des masses européennes pourrait être essentiellement amélioré à travers des réformes raisonnables. Mais si le progrès social n'est pas porté par un essor de la technique, il ne peut que soulager la misère sociale et non y remédier.

En effet la charge de travail nécessaire à l'alimentation et au chauffage des bien trop nombreux Européens, est grande ; et le rendement du travail que rapporte une Europe rude et peu suffisamment fertile, même à travers la plus intensive des exploitations, est faible, de sorte que même à travers une répartition plus juste, à chaque Européen échoit beaucoup de travail et fort peu de salaire. En l'état actuel de la technique, la vie dans une Europe socialiste se résoudrait en une double activité : *travailler pour manger et manger pour travailler*. L'idéal d'égalité serait atteint, mais de la liberté, de l'otium et de la culture, l'Europe en serait plus éloignée que jamais. Pour libérer les humains, l'Europe est d'un côté trop barbare et de l'autre trop pauvre. La fortune des quelques riches, une fois distribuée à tous, disparaîtrait sans laisser de trace : la pauvreté ne serait pas supprimée, mais généralisée.

Le socialisme seul n'est pas en mesure de mener l'Europe hors de sa non-liberté et de sa misère, vers la liberté et la prospérité. Ni un bulletin de vote, ni des actions boursières ne pourraient dédommager le mineur de charbon pour le fait de devoir passer sa vie dans des cavernes et dans des puits de mine. La plupart des esclaves de despotes orientaux sont plus libres que ce travailleur libre d'une usine socialisée [*sozialisierten*].

Le socialisme méconnaît le problème européen lorsqu'il voit dans la *répartition injuste* le mal fondamental de l'économie européenne, au lieu de le voir dans la *production insuffisante.* La racine de la misère européenne réside dans la nécessité du travail forcé — non dans l'injustice de sa répartition. Le socialisme se trompe lorsqu'il voit dans le capitalisme l'ultime cause du terrible travail forcé sous lequel gémit l'Europe ; car en vérité seule une partie très réduite du rendement européen s'écoule vers les capitalistes et leur luxe : la plus grande partie de ce travail sert à *métamorphoser une partie du monde, de stérile à féconde,* de froide à chaude, *et à maintenir sur elle un nombre d'humains, qu'elle ne pourrait pas nourrir de façon naturelle.*

L'hiver et la surpopulation de l'Europe sont des despotes plus durs et cruels que tous les capitalistes réunis : mais ce ne sont pas les politiciens qui mènent la révolution européenne contre ces impitoyables maîtres tyranniques — plutôt les inventeurs. —

4. RÉVOLUTION TECHNIQUE MONDIALE

L'impérialisme coloniale aussi bien que le socialisme sont des palliatifs, et non des remèdes pour la maladie européenne ; ils peuvent soulager la misère, non la bannir ;

repousser la catastrophe, non l'empêcher. L'Europe devra se décider, soit à décimer sa population et commettre son suicide — soit à guérir à travers une augmentation considérable de la production ainsi qu'une amélioration de la technique. En effet seul ce chemin peut mener les Européens à la prospérité, à l'otium et à la culture, tandis que les voies de sauvetage socialiste et coloniale débouchent en fin de compte sur une impasse.

L'Europe doit clairement comprendre que *le progrès technique est une guerre de libération du genre le plus grand* contre le tyran le plus dur, le plus cruel et le plus impitoyable : la nature nordique.

Tout dépend de l'issue de cette *révolution technique mondiale :* soit l'humanité saisit cette occasion ne se présentant qu'une fois en des éons : devenir la maîtresse de la nature — soit elle laisse filer cette occasion, sans la saisir, peut-être pour toujours. —

Il y a environ cent ans l'Europe a ouvert *l'offensive contre la surpuissante nature,* contre laquelle elle n'avait fait jusque-là que se défendre. Elle ne s'est plus contentée de vivre des grâces des violences de la nature : bien plutôt a-t-elle commencé à réduire son ennemie en esclavage.

La technique a commencé de compléter l'armée d'esclaves des animaux domestiques, et de remplacer l'armée d'esclaves des travailleurs manuels, par des *machines* activées par les forces de la nature. —

5. L'ARMÉE DE LA TECHNIQUE

L'Europe (et avec elle l'Amérique) a mobilisé la Terre entière dans cette guerre, qui de toutes est la plus grande et la plus lourde de conséquences.

Les troupes du front, appartenant à l'armée du travail [*Arbeitsheeres*] qui se déploie tout autour du monde et qui se bat contre l'arbitraire des forces de la nature, sont les *travailleurs industriels ;* ses officiers *des ingénieurs, entrepreneurs* et *directeurs,* son état-major est constitué *d'inventeurs,* ses unités du Train *de paysans* et *d'agriculteurs,* son artillerie *de machines,* ses tranchées *de mines,* ses forts *d'usines.*

Avec cette armée [*Armee*], dont il prélève les réserves dans toutes les parties du monde, l'humain blanc espère briser la tyrannie de la nature, soumettre ses forces à l'esprit humain, et ainsi libérer définitivement l'humain. —

6. LA VICTOIRE ÉLECTRIQUE

L'armée technique a remporté sa première victoire décisive sur l'un des plus vieux adversaires du genre humain : la *foudre* [*Blitz*].

Depuis toujours l'étincelle électrique a, sous la forme de la foudre, menacé, blessé et tué l'humain ; brûlé ses maisons et foudroyé son bétail. Cet ennemi sournois, qui ne l'a jamais aidé en aucune façon, l'humain en a été à la merci pendant des centaines de milliers d'années : jusqu'à ce que *Benjamin Franklin,* à travers l'invention du *paratonnerre,* brise sa terrorisante domination sur l'humain.

L'étincelle électrique en tant que fléau de l'humanité a été *repoussée* avec ça. Mais l'humain blanc ne s'est pas contenté de cette victoire défensive : *il est passé à l'offensive* et a réussi en un siècle à métamorphoser cet ennemi en esclave, ce plus redoutable des prédateurs en son animal domestique le plus utile.

Aujourd'hui l'étincelle électrique, qui a jadis rempli d'effroi nos aïeux, illumine nos chambres, fait bouillir notre thé, repasse notre linge, chauffe notre chambre, fait sonner nos pendules, transporte nos lettres (télégramme), tire les trains et les voitures, active les machines — est donc en un mot devenue notre messager [*Bote*], facteur, homme de service, cuisinier, réchauffeur, éclaireur, travailleur, porteur de charge et même notre bourreau. Ce que fait aujourd'hui en Europe et en Amérique l'étincelle électrique au service des humains ne serait nullement remplaçable, même par un doublement du temps de travail humain.

Tout comme cette force de la nature, autrefois ennemie, n'a pas été seulement repoussée [*zurückgeschlagen*], mais plutôt métamorphosée en le plus indispensable et le plus utile des serviteurs de l'humain — de même, un jour, les marées des océans et les ardeurs du soleil, les tempêtes et les inondations, d'ennemis des humains deviendront esclaves des humains. Des poisons deviennent des aides, des bacilles mortels des vaccins. Tout comme l'humain des temps primordiaux a apprivoisé et soumis les animaux sauvages — de même l'humain des temps modernes apprivoise et soumet les sauvages forces de la nature.

À travers de telles victoires, l'humain nordique se conquerra un jour la liberté, l'otium et la culture : non à travers le dépeuplement ou le renoncement, non à travers la guerre et la révolution — mais à travers l'*invention* et le *travail*, à travers l'*esprit* et l'*action* [*Tat* : acte, fait]. —

7. L'INVENTEUR COMME RÉDEMPTEUR

Dans notre époque historique européenne, l'inventeur

est un plus grand bienfaiteur de l'humanité que le saint.

L'inventeur de l'*automobile* a fait plus de bien pour les chevaux et leur a épargné plus de souffrances que toutes les associations de protection des animaux du monde réunies.

La *voiture citadine* [*Kleinauto*] est sur le point de délivrer [*erlösen*] des milliers de coolies est-asiatiques de leur Dasein d'animal de trait.

Les inventeurs des *sérums* contre la *diphtérie* et la *variole* ont sauvé la vie à plus d'enfants que toutes les pouponnières [*Säuglingsheime*].

Les esclaves galériens doivent leur libération aux *techniques de navigation* des temps modernes, tandis qu'à travers l'introduction de la *combustion à pétrole*, la technique moderne commence à délivrer le réchauffeur de machine à vapeur de sa profession infernale.

L'inventeur qui, à travers quelque chose comme la *fragmentation de l'atome* [*Atomzertrümmerung*], va créer un remplaçant pratique du charbon — aura plus œuvré pour l'humanité que le plus réussi des réformateurs sociaux : car il délivrera les millions de mineurs de charbon de leur Dasein humainement indigne et effacera [*tilgen*] une grande partie de la charge de travail humain — tandis qu'aujourd'hui aucun dictateur communiste ne pourrait éviter que des humains soient condamnés à cette vie minière souterraine.

Le chimiste qui réussirait à rendre le *bois comestible* libérerait l'humanité du joug esclavagisant de la faim qui l'opprime depuis plus longtemps et plus cruellement que toute domination violente humaine. — Ni l'éthique, ni l'art, ni la religion, ni la politique n'*effaceront* [*tilgen*] *la malédiction du paradis* — mais plutôt la *technique*. À la technique organique, la *médecine*, revient le fait de supprimer la malédiction héréditaire de la femme : « Tu dois accoucher de tes enfants dans la douleur » ; à la *technique* inorganique revient le fait de supprimer la malédiction héréditaire de l'homme : « Tu dois manger ton pain à la sueur de ton front ». —

À de multiples égards, notre époque ressemble au commencement de l'époque impériale romaine. En ce temps-là, le monde espérait une délivrance [*Erlösung* : rédemption] à travers le règne paisible de la *pax romana*. Le tournant mondial espéré survint — mais d'un tout autre côté : non pas de l'extérieur — mais de l'intérieur ; non pas à travers la politique — mais à travers la religion ; non pas à travers le *César Auguste* — mais à travers *Jésus Christ*.

Nous nous trouvons aussi devant un tournant mondial ; l'humanité attend aujourd'hui de l'ère socialiste l'aube de l'âge d'or. Le tournant mondial espéré viendra peut-être : non, cependant, à travers la politique — mais à travers la technique ; non à travers un révolutionnaire — mais à travers un inventeur ; non à travers Lénine — mais à travers un homme [*Mann*] qui vit peut-être déjà aujourd'hui quelque part, anonymement, et qui réussira un jour à délivrer l'humanité de la faim, du froid et du travail forcé, à travers l'exploitation d'une source d'énergie nouvelle et sans précédent. —

VII. BUT FINAL DE LA TECHNIQUE

1. CULTURE ET ESCLAVAGE

Toute culture jusque-là a été fondée sur l'esclavage : l'antiquité sur les *esclaves,* le Moyen Âge sur les *serfs,* les temps modernes sur les *prolétaires.* —

L'importance des esclaves repose sur le fait qu'à travers leur non-liberté et leur surplus de travail ils créent un espace pour la liberté et l'otium d'une *caste dominante,* qui est la condition préalable de toute formation culturelle. En effet il n'est pas possible que ce soit les mêmes humains qui fournissent le monstrueux travail physique exigé pour l'alimentation, l'habillement et le logement de leur génération — et en même temps le monstrueux travail spirituel nécessaire à la création et au maintien d'une culture.

Partout domine la *division du travail :* pour que le cerveau puisse penser, les entrailles doivent digérer ; si leurs racines ne s'enterrent pas sous terre, les plantes ne peuvent fleurir dans le ciel. Les émissaires de chaque culture sont des humains épanouis ; l'épanouissement est impossible sans une atmosphère de liberté et d'otium : la roche aussi ne peut cristalliser que dans un environnement fluide et libre ; là où elle est enfermée et non libre, elle doit demeurer amorphe.

La liberté et l'otium culturellement formés d'une minorité n'ont pu être créés qu'à travers la servitude et le surmenage de la majorité. Dans les régions nordiques et surpeuplées, le Dasein divin de milliers[40] a toujours et partout été construit sur le Dasein animal de centaines de milliers.

Les *temps modernes*, avec leurs idées chrétiennes et sociales, se sont trouvés devant une alternative : ou bien renoncer à la culture — ou bien maintenir l'esclavage. Les scrupules esthétiques parlèrent contre la première éventualité — les scrupules éthiques contre la seconde : la première révulsait le goût, la seconde le sentiment.

L'Europe de l'Ouest s'est décidée pour la seconde solution : pour maintenir le reste de sa culture citoyenne [*bürgerlichen :* bourgeoise], elle a maintenu dans le prolétariat industriel l'esclavage sous une forme déguisée — tandis que la *Russie* s'apprête à atteindre la première solution : elle libère ses prolétaires, mais cette libération d'esclaves sacrifie[41] toute sa culture.

---

[40] Cf. la note 26.

[41] Dans le film *Octobre* (1927), de Sergueï Eisenstein, mettant en scène la Révolution d'octobre 1917 (commande d'État pour son dixième anniversaire), une séquence de la fin du film reprend en quelque sorte cette question : le Palais d'hiver a enfin été pris d'assaut, les révolutionnaires sont à l'intérieur, dont un groupe de trois, dans la chambre de la tzarine. En pleine action euphorique de destruction, l'un d'entre eux s'immobilise pour regarder ce qu'il y a autour : Eisenstein montre alors les vestiges de l'ancienne culture aristocrate, orthodoxe et chrétienne — peintures, sculptures, photographies, mobilier. Il y a suspension dans l'action : un moment de contemplation. Puis le révolutionnaire crache et l'on devine que tout sera détruit. Le cinéma soviétique (avec Dziga Vertov et Eisenstein notamment) a joué un rôle important dans la construction d'un nouveau patrimoine culturel : cette commande même répond à une volonté étatique de faire patrimoine culturel. Et aujourd'hui encore ces deux réalisateurs (notamment) sont considérés comme étant des virtuoses (à l'échelle mondiale) du

Ces deux solutions sont de par leurs conséquences *insupportables*. L'esprit humain doit chercher une issue à ce dilemme : il va la trouver dans la *technique*. *Elle seule peut à la fois briser l'esclavage et sauver la culture.*

2. LA MACHINE

Le but final de la technique est : le remplacement du travail des esclaves par le travail des machines ; l'élévation de la communauté humaine à une caste dominante, au service de laquelle travaille une armée de forces naturelles sous la forme des machines [Maschinengestalt].

Nous nous trouvons sur le chemin vers ce but : auparavant, presque toutes les énergies techniques devaient être produites par les muscles des humains ou des animaux — aujourd'hui ils sont multiplement remplacés par la force de la vapeur, l'électricité et la force du moteur. À l'humain échoit de plus en plus le rôle d'un *régulateur* des énergies — au lieu de celui de *producteur*. Hier encore le travailleur tirait la culture en avant comme un coolie — demain il en sera le chauffeur [*Chauffeur*], qui observe, pense et oriente, au lieu de courir et de transpirer.

---

septième art, des maîtres. Avec près d'un siècle de recul, il est peut-être davantage possible aujourd'hui de considérer la complexité de la culture soviético-russe (ou russo-soviétique). Cette mise en scène mythique du saccage / de la libération du Palais d'hiver ne manque pas d'évoquer le bûchage systématique des têtes, sur toutes les sculptures, lors de la Terreur française. Qu'en reste-t-il aujourd'hui ? Beaucoup de ces sculptures ont été remplacées ou restaurées. Les traces de cette violence, de cette mémoire, ne sont plus palpables que sur les moulages réalisés dans les années 1950. Après restauration, les originaux ne manifestent plus, généralement, cette mémoire.

La machine est la libération des humains du joug du travail d'esclaves. Grâce à elle, un cerveau peut fournir plus de travail, et créer plus de valeurs, que des millions de bras. La machine est *l'esprit humain matérialisé*, la mathématique gelée, la créature reconnaissante de l'humain, engendrée par la force spirituelle de l'inventeur, née de la force musculaire du travailleur.

La *machine* a une double tâche : *augmenter la production* ainsi que *réduire* et alléger *le travail*.

À travers l'augmentation de la production, la machine brisera la misère — à travers la réduction du travail, l'esclavage.

Aujourd'hui le travailleur ne peut être humain qu'en moindre partie — parce qu'il doit en grande partie être une machine : dans le futur la machine reprendra la partie machinale, la partie mécanique du travail et laissera aux humains la partie humaine, la partie organique. La machine offre ainsi un aperçu sur *la spiritualisation et l'individualisation du travail humain :* sa composante libre et créatrice grandira au détriment de sa composante automatico-mécanique — la composante spirituelle au détriment de la composante matérielle. Alors seulement le travail cessera de dépersonnaliser, de mécaniser et d'humilier les humains ; alors seulement le travail deviendra semblable au jeu, au sport et à l'activité créatrice libre. Il ne sera pas, comme aujourd'hui, un otage qui oppresse tout ce qu'il y a d'humain — mais un moyen contre l'ennui, un divertissement et un exercice physique ou spirituel à l'épanouissement de toutes les capacités. Ce travail, que l'humain fournira en tant que cerveau de sa machine, et qui est *fondé sur la domination*, stimulera au lieu d'abrutir, élèvera au lieu de rabaisser. —

3. DÉCONSTRUCTION DE LA GRANDE VILLE

À côté de ces deux tâches : le soulagement *de la misère* par l'augmentation de la production et la *déconstruction* [*Abbau*] *de l'esclavage* par la réduction et l'individualisation du travail — la machine a encore une troisième mission culturelle : la *dissolution de la grande ville moderne* et le retour [*Zurückführung*] des humains à la nature. —

L'origine de la grande ville moderne remonte à un temps où le cheval était le moyen de transport le plus rapide, et où il n'y avait pas encore de téléphone. À cette époque il était nécessaire que les humains vivent dans la plus proche proximité de leur lieu de travail, et par conséquent qu'ils vivent parqués tous ensembles sur un espace étroit.

La technique a modifié ces présupposés : le *chemin de fer*, la *voiture*, le *vélo* et le *téléphone* permettent aujourd'hui au travailleur d'habiter éloigné de beaucoup de kilomètres de son bureau [*Bureau*]. *Il n'y a plus aucune nécessité de construire et d'agglomérer des immeubles* [*Zinskasernen*]. À l'avenir, les humains auront la possibilité de vivre les uns à côté des autres plutôt que les uns sur les autres, de respirer un air sain dans des jardins, et de mener une vie saine, pure et humainement digne dans des chambres claires [*hellen*] et spacieuses. Les poêles électriques et à gaz protégeront contre le froid de l'hiver (sans les efforts relatifs au chauffage et à la procuration de matériaux combustibles), les lampes électriques protégeront contre les longues nuits d'hiver. L'esprit humain triomphera de l'hiver et fera de la zone nordique une espace tout aussi habitable que les zones tempérées.

Le *développement en cités-jardins*[42] a déjà commencé : les riches quittent les centres des grandes villes qu'ils habitaient auparavant et s'installent à leurs périphéries ou dans leurs environs. Les villes industrielles nouvellement émergentes s'étirent en largeur plutôt qu'en hauteur. —

Au plus haut niveau, les *villes du futur* auront dans leur configuration quelques similitudes avec celles du *Moyen Âge* : tout comme étaient groupées autour d'une immense cathédrale les petites maisons bourgeoises — de même s'étendront un jour autour d'un immense gratte — ciel (qui réunira tous les bureaux publics et privés, tout en étant magasin et restaurant) les petites maisons et les vastes jardins des cités-jardins. Dans les villes-usines, l'usine sera cette *cathédrale du travail* centrale : la prière de l'humain dans ces cathédrales du futur sera un travail pour la communauté.

Celui qui ne sera pas professionnellement attaché à la ville vivra à la campagne, qui elle-même prendra part au confort, à l'activité et au divertissement des villes via des lignes haute tension et des connexions sans fil.

Un temps viendra, où les humains ne comprendront plus comment il fut un jour possible de vivre dans les labyrinthes de pierre que nous connaissons aujourd'hui en tant que grandes villes modernes. Leurs ruines seront alors contemplées avec étonnement, comme aujourd'hui le sont les logis des habitants des cavernes. Les médecins se

---

[42] L'architecte Bruno Taut (cf. la *Gläserne Kette* [chaîne de verre]) a notamment travaillé sur ces projets de *Gartenstadt* (villes-jardins). Son ouvrage *Une couronne pour la ville* (1917), ainsi que l'ouvrage de son ami Paul Scheerbart, *L'architecture de verre* (1914), sont habités par ces problématiques d'un urbanisme techno-spirituel.

casseront la tête pour tenter de comprendre comment, d'un point de vue hygiénique, il était malgré tout possible dans une telle rupture d'avec la nature, la liberté, la lumière, et l'air, dans une telle atmosphère de suie, de fumée, de poussière, de saleté, que des humains puissent malgré tout vivre et pousser [*gedeihen*]. —

La *déconstruction* à venir *de la grande ville,* en tant que conséquence de l'amélioration de la technique des transports, est un *présupposé* nécessaire *de la culture effective.* En effet dans l'atmosphère non naturelle et malsaine de la grande ville actuelle, les humains sont [*werden :* deviennent] systématiquement empoisonnés et mutilés dans leur corps, leur âme et leur esprit. La culture de la grande ville est une plante fangeuse : car elle est portée par des humains dégénérés, maladifs et décadents qui sont, volontairement ou involontairement, tombés dans cette *impasse de la vie.* —

4. LE PARADIS CULTUREL DES MILLIONNAIRES

La technique est en mesure de proposer à l'humain moderne plus de possibilités de bonheur et d'épanouissement que ne l'ont pu par les temps passés leurs princes et leurs rois.

Cependant [*Freilich*] aujourd'hui encore, au commencement de la période technique mondiale, le nombre de ceux pour lesquels les inventions des temps modernes sont disponibles de façon illimitée, est faible.

Un *millionnaire en dollars moderne* peut s'entourer de tout le luxe, de tout le confort, de tout l'art et de toute la beauté, que la Terre propose. Il peut savourer tous les fruits de la nature et de la culture, il peut, sans travailler, vivre où et comme il lui plaît. Grâce au téléphone et à la voiture, il peut au choix se lier au monde ou s'en détacher ; il peut vivre en ermite dans la grande ville ou en société dans son manoir [*Landsitz*] ; n'a besoin de se soucier ni du climat ni de la surpopulation ; la faim et le froid lui sont étrangers ; grâce à son aéroplane [*Aeroplane*] il est le maître de l'air, grâce à son yacht le maître des mers. À bien des égards il est plus libre et plus puissant que Napoléon et César. Eux ne pouvaient dominer que des humains — mais non voler au-dessus des océans, ni parler sur des continents. Lui par contre est le *maître de la nature*. Les forces de la nature le servent en tant que serviteurs et esprits, invisibles et puissants. Avec leur aide il peut voler plus vite et plus haut qu'un oiseau, foncer plus vite qu'une gazelle sur la terre et vivre sous l'eau comme un poisson. Grâce à ces capacités et ces pouvoirs [*Gewalten*], il est plus libre même que le natif des mers du Sud et il surmonté la malédiction du paradis. Par le détour de la culture, il est retourné dans un paradis plus accompli [*volkommeneres :* parfait]. —

La technique a créé les fondements de cette vie si accomplie. Pour quelques élus, elle a fait des forêts primaires et des marécages nordiques un *paradis culturel*. Dans ces enfants de la chance [*Glückskindern :* enfants du bonheur], l'humain peut voir une *promesse du destin, faite aux enfants de ses enfants*. Ils sont les avant-gardes de l'humanité sur son chemin vers l'éden du futur. Ce qui aujourd'hui est l'exception peut, à travers de plus vastes progrès techniques, devenir la règle. *La technique a enfoncé la porte du paradis ;* à travers l'étroite entrée, jusque-là peu sont passés : mais le chemin est ouvert et à travers l'assiduité et l'esprit, l'humanité entière va un jour pouvoir suivre ces enfants de la chance. L'humain n'a pas besoin de s'inquiéter : jamais il n'a été aussi près de son but qu'aujourd'hui.

Il y a peu de siècles, la possession d'une fenêtre en verre, d'un miroir, d'une montre, de savon ou de sucre était encore un grand luxe : la production technique a répandu sur les masses ces biens jadis rares. À l'instar d'aujourd'hui où tout le monde porte une montre et possède un miroir — chaque humain pourrait peut-être dans un siècle avoir une voiture, sa villa et son téléphone. *Plus les chiffres de la production augmentent rapidement par rapport aux chiffres de la population*, et plus la prospérité doit augmenter vite, plus elle doit devenir générale.

C'est le but culturel de la technique que de proposer un jour à tous les humains les possibilités de vie dont disposent aujourd'hui ces millionnaires. C'est pourquoi la technique se bat contre la misère — non contre la richesse ; contre la servitude — non contre la domination. Son but est la généralisation de la richesse, de la puissance, de l'otium, de la beauté et du bonheur : *non la prolétarisation, mais l'aristocratisation de l'humanité !* —

VIII. L'ESPRIT DE L'ÂGE TECHNIQUE

1. PACIFISME HÉROÏQUE

Le paradis du futur ne peut pas être dérobé par un putsch — il se conquiert seulement par le travail. L'esprit de l'âge technique est *héroïco-pacifiste : héroïque* car la technique est une guerre avec un objet modifié — *pacifiste* [*pazifistisch*] car son combat ne se dirige pas contre les humains mais contre les violences de la nature. —

L'*héroïsme technique* est non sanglant : le héros technique travaille, pense, agit, ose et accepte de ne pas en vouloir à la vie de ses congénères, mais plutôt de les délivrer [*erlösen*] du joug esclavagisant de la faim, du froid, de la misère et du travail forcé.

Le héros de l'âge technique est un héros pacifique du travail et de l'esprit. —

Le travail de l'âge technique est une *ascèse :* domination de soi et renoncement. Dans sa forme et dans sa dimension actuelles, il n'est pas un plaisir, mais plutôt un dur *sacrifice* que nous offrons à nos congénères et à nos descendants.

L'*ascèse* signifie l'exercice : elle est l'expression grecque de ce qui en anglais se nomme *training ;* à travers cette traduction le concept d'ascèse perd son caractère pessimiste et devient *optimisto-héroïque*.

L'ascèse optimiste, disant oui à la vie [*lebensbejahende*], de l'âge technique, prépare un *royaume de Dieu sur Terre :* elle défriche la Terre en paradis ; dans ce but elle déplace des montagnes, des fleuves et des mers, enveloppe la planète Terre de câbles et de rails, crée à partir de forêts primaires des plantations et à partir de steppes des terres agricoles. Comme un être supraterrestre, l'humain transforme la surface de la Terre d'après ses besoins. —

2. L'ESPRIT D'INERTIE

À l'âge du travail et de la technique, il n'y a *pas plus grand vice que l'inertie* [*Trägheit*] — tout comme à l'âge de la guerre il n'y avait pas plus grand vice que la lâcheté.

Le *dépassement de l'inertie* est la tâche principale de l'héroïsme technique.

Là où la vie se manifeste en tant qu'énergie — *l'inertie* est *signe de mort*. Le combat de la vie contre la mort est un combat de la force d'agir contre l'inertie. La victoire de la mort sur la vie est une victoire de l'inertie sur la force d'agir. Les messagers de la mort sont la *vieillesse* et la *maladie :* en eux l'inertie gagne de la suprématie [*Übermacht*] sur l'énergie vitale : les traits, les membres, les mouvements deviennent mous et pendants, la force de vie, le courage de vivre [*Lebensmut :* optimisme] et la joie de vivre sombrent, tout se penche vers la terre, devient fatigué et inerte — jusqu'à ce que l'humain, ne pouvant plus avancer ni se tenir droit, victime de l'inertie sombre dans la tombe : là triomphe l'inertie sur la vie.

Tous les jeunes bourgeons [*Blüten*] *se précipitent, à l'encontre de la gravité, vers le soleil*[43] *: tous les fruits mûrs tombent, terrassés par la gravité, à terre.* — L'*humain*

---

[43] Cf. aussi Icare, fils de Dédale, dont le manque de maturité provoqua sa chute.

volant est un symbole de la victoire technique sur la force de gravité, de la volonté et de l'esprit humains triomphants sur l'inertie de la matière. Peu de choses sont aussi sublimes et belles que lui. Ici se marient la littérature et la vérité, le romantisme et la technique, les mythes de Dédale et de Wieland[44] avec les visions de Lionardo et de Goethe ; à travers les actions des techniciens les rêves littéraires les plus audacieux deviennent réalité : sur les ailes[45] que son esprit et sa volonté ont déployées, l'humain s'élève au-dessus de l'espace, du temps, de la gravité, au-dessus de la terre et de la mer. —

3. BEAUTÉ ET TECHNIQUE

Qui s'inquiétait encore quant à la *valeur de beauté de la technique* doit, eu égard à l'humain volant, se taire. Mais il n'y a pas que l'avion qui nous offre une nouvelle beauté : l'*automobile*, le *bateau à moteur*, la *locomotive du train*, la *dynamo* sont aussi, dans leur activité et leur mouvement, d'une beauté propre et spécifique. Mais parce que cette beauté est *dynamique*, elle ne peut pas, comme la beauté statique du paysage, être fixée par le pinceau, la pointe et le burin : c'est pourquoi elle n'existe pas pour des humains dénués d'un sens de la beauté original, ayant besoin de l'art en tant que guide dans le labyrinthe[46] de la beauté.

---

[44] Christoph Martin Wieland (1733-1813).

[45] L'expression « sur les ailes de » peut renvoyer au poème allemand « Auf Flügeln des Gesangens » [« Sur les ailes du chant » (1827)], de Heinrich Heine.

[46] Cf. Ariane et son fil qui, sur les conseils de Dédale, aura aidé Thésée à sortir du labyrinthe (construit par le même Dédale) dans lequel régnait le Minotaure.

Une chose est belle à travers l'idéal de vitalité et d'harmonie auquel elle nous permet d'accéder [*vermittelt*], à travers l'impulsion en cette direction qu'elle nous donne. Chaque *culture* se crée ainsi *ses propres symboles de force et de beauté :* le *Grec* a augmenté sa propre harmonie au contact des statues et des temples ; le *Romain* a augmenté sa force et sa bravoure au contact des combats du cirque entre ses animaux féroces et ses gladiateurs ; le *chrétien médiéval* a approfondi et transfiguré son âme à travers une projection en la Passion du Christ, dans la messe et l'eucharistie ; le *bourgeois* [*Bürger :* citoyen] *des temps modernes* a grandi au contact des héros de son théâtre et de ses romans ; le *Japonais* a appris la grâce [*Grazie*], la gracilité [*Anmut*], et la dévotion au destin, de ses fleurs. —

Dans un temps d'incessant progrès, l'idéal de la beauté a dû devenir dynamique — et avec lui son symbole. *L'humain de l'âge technique est un élève de la machine* qu'il a créée : d'elle il apprend l'activité infatigable et la force concentrée. La machine, en tant que créature et temple de l'esprit saint humain, symbolise le *dépassement de la matière par l'esprit,* de la fixité par le mouvement, de l'inertie par la force : l'exténuement de soi [*Sichaufreiben*] au service de l'idée, la libération de l'humanité au travers de l'action. —

La technique a offert à l'âge qui vient une nouvelle forme d'expression : le *cinéma.* Le cinéma est sur le point de prendre le relais du théâtre d'aujourd'hui, de l'église d'hier, du cirque et de l'amphithéâtre d'avant- hier et de jouer un rôle culturel phare dans l'État du travail du futur.

Malgré tous ses défauts artistiques, le film commence aujourd'hui déjà à apporter inconsciemment un *nouvel évangile* aux masses : *l'évangile de la force et de la beauté.*

Il annonce par-delà bien et mal[47] [*jenseits von Gut und Böse*] la victoire de l'homme le plus fort et de la femme la plus belle — et ce, que l'homme (qu'il surpasse ses rivaux en force de corps, de volonté ou d'esprit) soit aventurier ou héros, criminel ou détective ; et ce, que la femme (qu'elle soit par rapport aux autres, plus charmante ou plus noble, plus gracieuse ou plus dévouée) soit hétaïre ou mère. Ainsi prêche l'écran, en des milliers de variations, aux hommes : « *Soyez forts !* » et aux femmes : « *Soyez belles !* ».

Le fait de clarifier et d'améliorer cette *mission de pédagogie de masse* sommeillant dans le cinéma, est pour l'artiste d'aujourd'hui l'une des tâches les plus grandes et pleines de responsabilités : car le cinéma du futur aura incontestablement une influence plus grande sur la culture prolétarienne, que le théâtre n'en a eu sur la culture bourgeoise. —

4. ÉMANCIPATION

Le culte de l'âge technique est un *culte de la force*. Pour l'épanouissement de l'harmonie, il manque le temps et l'otium. Sous leur signe se placera un jour *l'âge d'or de la culture*, qui fera suite à *l'âge de fer du travail*.

Son *caractère masculo-européen* est représentatif [*bezeichnend*] de l'attitude dynamique de notre époque. L'éthique masculo-européenne de *Nietzsche* forme la protestation de notre âge contre la morale fémino-asiatique

---

[47] Jenseits von Gut und Böse — Vorspiel einer Philosophie der Zukunft (Par-delà bien et mal — Prélude d'une philosophie de l'avenir) est le titre de l'un des livres de Nietzsche, publié en 1886.

du *christianisme*.

L'*émancipation de la femme* [*Frau*] est aussi un symptôme de la *masculinisation de notre monde* : car elle ne mène pas le type humain féminin vers la puissance — mais plutôt le masculin. Tandis qu'auparavant la femme féminine [*weibliche Frau*] prenait part à la domination du monde via son influence sur l'homme — aujourd'hui les *hommes des deux sexes* brandissent le sceptre de la puissance économique et politique. L'émancipation des femmes signifie le triomphe de la femme masculine[48] [*des Mannweibes*] sur la femme [*Frau*] véritable, féminine ; elle ne conduit pas à la victoire — mais à l'abolition du féminin [*Weibes*]. La Dame [*Dame*] est déjà éteinte : la femme [*Frau*] doit la rejoindre. — À travers l'émancipation, le sexe féminin qui jusque-là avait été partiellement épargné, est mobilisé et enrôlé dans l'armée du travail. —

L'*émancipation des Asiatiques* s'accomplit sous les mêmes conditions que l'émancipation des femmes ; elle est un symptôme de l'*européanisation de notre monde* : car elle ne mène pas le type oriental à la victoire — mais plutôt l'européen. Tandis qu'auparavant l'esprit oriental dominait l'Europe grâce au christianisme — aujourd'hui les *Européens blancs et colorés* se partagent la domination du monde. Le soi-disant éveil de l'Orient signifie le triomphe de l'Européen jaune sur le vrai Oriental ; il ne mène pas à la victoire — mais à l'anéantissement de la culture orientale. Là où à l'Est vainc le sang de l'Asiatique, vainc avec lui

---

[48] En allemand le terme *Weib* [*femme*] (de genre neutre) est assez péjoratif. Il peut tout aussi bien désigner la *femme*, la *femelle*, ou encore la *mégère*. Contrairement à *Frau* qui recouvre aussi bien les termes *femme* que *dame*. Quant à *Dame*, emprunté au français, il reprend la désignation distinguée et noble de l'amour courtois.

l'esprit de l'Europe : l'esprit masculin, dur, dynamique, orienté vers un but, fort, rationaliste. Pour prendre part au progrès, l'Asiatique doit échanger son âme et sa culture harmonieuses contre l'âme et la culture européo-vitalistes. — L'émancipation des Asiatiques signifie leur entrée dans l'armée européo- américaine du travail et leur mobilisation pour la guerre technique.

Après l'achèvement victorieux de celle-ci, l'Asiatique pourra de nouveau être asiatique et la femme féminine : l'Asie et la femme pourront alors élever [*erziehen* : éduquer] le monde à une harmonie plus pure. Mais en attendant, *les Asiatiques doivent porter l'uniforme européen — les femmes le masculin.*

5. CHRISTANISME ET CHEVALERIE

Quiconque entend à travers le mot culture une *harmonie avec la nature*, doit appeler notre époque barbare — quiconque entend à travers le mot culture un *démêlé* [*Auseinandersetzung*] *avec la nature*, doit honorer la forme spécifiquement masculo-européenne de notre culture. De par son origine christano-orientale, l'éthique européenne méconnaît la valeur éthique du progrès technique ; c'est sous la perspective nietzschéenne qu'apparaît pour la première fois comme bonne et noble la lutte héroïco-ascétique de l'âge technique pour la délivrance [*Erlösung* : rédemption] à travers l'esprit et l'action.

Les *vertus de l'âge technique* sont avant tout : la *force d'agir*, l'*endurance*, la *bravoure*, le *renoncement*, la *domination de soi* et la *solidarité*. Ces singularités forgent l'âme pour le combat non sanglant et dur du travail social. —

L'*éthique du travail* est reliée à l'*éthique chevaleresque du combat :* toutes deux sont masculines, toutes deux nordiques. Seule cette éthique s'adaptera aux nouvelles conditions et substituera à l'honneur chevalier subsistant un nouvel *honneur du travail.* Le nouveau concept d'honneur reposera sur le travail — la nouvelle honte sur la paresse. L'humain paresseux sera vu et méprisé en tant que déserteur [*Deserteur*] du front du travail. Au lieu des commandants en chef [*Feldherrn*], les *inventeurs* deviennent les objets de la nouvelle admiration héroïque : des créateurs de valeurs au lieu de destructeurs de valeurs.

De la *morale chrétienne,* l'éthique du travail reprendra l'esprit du *pacifisme* et du *socialisme :* parce que seule la paix est productive pour le développement technique — la guerre est destructive, et parce que seul l'esprit social du travail collectif de tous les créateurs peut mener à la victoire technique sur la nature. —

6. LE DANGER BOUDDHISTE

Toute propagande passivisante et ennemie de la vie, se dirigeant contre le développement technique et industriel — est une *haute trahison contre l'armée du travail* [*Arbeitsarmee*] *de l'Europe :* car elle est un appel au retrait et à la désertion pendant le combat décisif. —

Les *tolstoïens* et les *néo-bouddhistes* se rendent coupables de ce sacrilège culturel : ils appellent l'humanité blanche, peu de temps avant sa victoire finale, à capituler devant la nature, à évacuer les terrains conquis par la technique et à revenir volontairement à la primitivité de l'agriculture et de l'élevage de bétail. Fatigués du combat, ils veulent qu'à l'avenir l'Europe vivote dans sa nature pauvre un Dasein pauvre et enfantin — au lieu de se créer victorieusement un nouveau monde, à travers le plus haut effort de l'esprit, de la volonté et des muscles.

Ce qui en Europe est encore capable de vie et d'affronter la vie, rejette ce *suicide de la culture* : il sent l'unicité de sa situation et sa *responsabilité devant l'humanité du futur*. Une suspension d'armes de la technique rejetterait le monde dans le cycle culturel asiatique. Si près de son but, la *révolution technique mondiale, qui s'appelle Europe, s'effondrerait*, et l'un des plus grands espoirs de l'humanité serait enterré.

L'Europe du Nord, qui vit de ses créations héroïques, doit repousser l'esprit *bouddhiste* démoralisant. Le Japon doit, à mesure qu'il s'industrialise, rompre intérieurement avec le bouddhisme ; de même l'Europe devrait, à mesure qu'elle s'adonne intérieurement au bouddhisme, négliger et trahir sa mission technique. *Le bouddhisme est un merveilleux couronnement des cultures matures — mais un cadeau empoisonné pour les cultures en devenir.* Sa vision du monde est bonne pour la vieillesse, pour l'automne — tout comme la religion de *Nietzsche* l'est pour la jeunesse, pour le printemps — la croyance [*Glauben :* foi] de *Goethe* pour l'apogée [*Blüte :* la floraison] de l'été. —

Le bouddhisme étoufferait la technique — et avec elle l'esprit de l'Europe. —

L'Europe doit rester fidèle à sa mission et ne jamais renier les racines de son essence : l'*héroïsme* et le *rationalisme*, la volonté germanique et l'esprit hellène. En effet le miracle de l'Europe est d'abord né du mariage de ces deux éléments. L'aveugle penchant pour l'action des barbares nordiques est devenu voyant et fécond au contact de la culture spirituelle méditerranéenne : c'est ainsi que les guerriers sont devenus des penseurs et les héros des inventeurs.

Le *mysticisme de l'Asie* menace la clarté spirituelle de l'Europe — la *passivité de l'Asie* menace sa force d'agir masculine. Si et seulement si l'Europe résiste à ces tentations et se souvient de ses idéaux *hellènes* et *germaniques* — alors elle pourra combattre jusqu'à la fin pour le combat technique, afin de délivrer [*erlösen*] un jour elle-même et le monde.

IX. STINNES ET KRASSINE

1. ÉTATS ÉCONOMIQUES

Stinnes[49] est le leader de l'économie *capitaliste* en Allemagne — Krassine[50] le leader de l'économie *communiste* en Russie. Dans ce qui va suivre ils devront être considérés en tant que représentants [*Exponenten*] des productions capitaliste et communiste, et non en tant que personnalités. —

Depuis l'effondrement des trois grandes monarchies militaires européennes, il n'y a plus dans notre partie du monde que des *États économiques :* les problèmes économiques sont au centre de la politique intérieure et extérieure : *Mercure[51] régit le monde ;* en tant qu'héritier de Mars — en tant que précurseur [*Vorlaüfer*] d'Apollon.

La transformation d'État militaire en État économique est l'expression politique du fait qu'à la place du front de guerre, *le front du travail se soit inséré au premier plan de l'histoire.*

---

[49] Hugo Stinnes (1870-1924). Industriel et homme politique allemand.

[50] Leonid Krassine (1870-1926). Industriel et homme politique soviétique.

[51] Dans certaines mythologies gréco-latines, Vénus (alias Aphrodite, épouse d'Héphaïstos), a trompé son amant Mars (alias Arès, dieu de la guerre) avec le demi-frère de celui-ci, Mercure (alias Hermès, dieu du commerce, de la communication et des voyages). Hermès est aussi le « coursier », l'avant-coureur, le précurseur des dieux : le messager des dieux — notamment le messager des oracles d'Apollon, dont il est aussi le demi-frère.

À l'âge de la guerre correspondaient les États militaires
— à l'âge du travail correspondent les États économiques.

L'État *communiste*, tout comme le *capitaliste*, sont des *États du travail* : ce ne sont plus des États de guerre — et pas encore des États de culture. Les deux sont placés sous le signe de la production et du progrès technique. Les deux sont *dominés* [*beherrscht* : gouvernés] *par des producteurs*, tout comme jadis les États militaires étaient dominés par des militaires : l'État communiste par les leaders des travailleurs industriels — l'État capitaliste par les leaders des industriels.

Le capitalisme et le communisme sont essentiellement apparentés, à l'instar du catholicisme et du protestantisme qui se sont considérés pendant des siècles comme des extrêmes contraires, et se sont de façon sanglante combattus par tous les moyens. Ce n'est pas leur différence, mais leur parenté, qui est à l'origine de la haine amère [*erbitterten* : exacerbée] avec laquelle ils se persécutent mutuellement.

Tant que les capitalistes et les communistes resteront sur cette position selon laquelle il serait permis et enjoint de mettre à mort ou d'affamer des humains parce qu'ils défendent d'autres principes économiques — les deux se situeront, *pratiquement*, à un niveau de développement éthique très réduit. *Théoriquement*, les présupposés et les buts du *communisme* sont néanmoins *plus éthiques* que ceux du *capitalisme*, parce qu'ils émanent de points de vue plus objectifs et justes.

Pour le progrès technique, les points de vue éthiques ne sont cependant pas déterminants : ici la question décisive est celle de savoir *lequel, du système capitaliste ou du système communiste, est le plus rationnel* et le plus approprié pour mener à bien le combat technique de libération contre les forces de la nature. —

2. LE FIASCO RUSSE

Le *succès* parle en faveur de Stinnes, contre Krassine : l'économie capitaliste fleurit, tandis que l'économie communiste reste au plus bas. Tirer des conclusions quant à la valeur de ces deux systèmes d'après ce constat serait facile — mais injuste. En effet on ne doit pas perdre de vue sous quelles *circonstances* le communisme a repris et mené l'économie russe : après un effondrement militaire, politique et social, après la perte de ses plus importantes zones industrielles, en lutte contre le monde entier, sous la pression d'un blocus de plusieurs années, d'une guerre civile ininterrompue et de la résistance passive des paysans, des bourgeois et de l'intelligentsia ; à quoi s'est encore ajouté la récolte catastrophique. Lorsque l'on prend en compte toutes ces circonstances, et les aptitudes [*Begabung*] et formations organisationnelles plus faibles du peuple russe — on ne peut alors que s'étonner du fait que des restes d'industrie russe se soient maintenus.

Vouloir mesurer l'échec du communisme dans sa cinquième année sous ces circonstances aggravées, à l'aune du succès du capitalisme longuement mûri, serait aussi injuste que de vouloir comparer un enfant nouveau-né avec un homme adulte, et à partir de là constater que l'enfant serait un idiot — alors qu'en lui sommeille peut-être un génie en devenir. —

Même si le communisme s'effondre en Russie, il serait tout autant naïf de déclarer la révolution sociale avec lui écartée — qu'il aurait été insensé de croire la Réforme classée après l'effondrement du mouvement hussite : car peu de décennies après, Luther est apparu et a mené beaucoup des idées hussites à la victoire. —

3. PRODUCTIONS CAPITALISTE ET COMMUNISTE

L'*avance* essentielle *de l'économie capitaliste* réside dans son *expérience [Erfahrung]*. Elle domine toutes les méthodes d'organisation et de production, tous les secrets stratégiques dans le combat entre l'humain et la nature et dispose d'un état-major d'officiers industriels qualifiés. Le communisme au contraire se voit contraint, avec un état-major de généraux et un corps d'officier insuffisants, de faire de nouveaux plans de guerre et de chercher de nouvelles méthodes d'organisation et de production. Stinnes, sur des rails rôdés, peut aller de l'avant — tandis que Krassine doit être un éclaireur, dans la forêt primaire de la révolution économique. —

À travers la *concurrence*, le *bénéfice* et le *risque*, le capitalisme utilise un moteur insurpassable, qui maintient l'appareil économique en perpétuel mouvement : l'égoïsme. Chaque entrepreneur, inventeur, ingénieur et travailleur, se voit contraint dans l'État capitaliste de dépenser au maximum ses forces, pour ne pas être rattrapé par la concurrence et pour ne pas mourir [*zugrunde zu gehen*]. Les soldats et les officiers de l'armée du travail doivent pousser vers l'avant [*vorrücken :* progresser], pour ne pas passer sous les roues [*unter die Räder zu kommen :* se faire écraser].

En la libre *initiative* de l'entrepreneur réside un avantage supplémentaire du capitalisme, auquel la technique doit beaucoup. L'un des problèmes les plus difficiles du communisme réside en la prévention de la bureaucratie économique, par laquelle il est constamment menacé. —

Le principal avantage technique du communisme réside en ceci qu'il a la possibilité de concentrer la totalité des forces productives et des trésors de la nature de ses zones économiques et de les utiliser rationnellement d'après un plan unitaire. Ce faisant, il économise toutes les forces que le capitalisme gaspille dans le repoussement de la concurrence. La *planification* principielle de l'économie communiste, qui entreprend aujourd'hui d'électrifier rationnellement l'immense empire russe d'après un plan unitaire, représente techniquement un avantage essentiel par rapport à l'*anarchie de la production capitaliste*. L'armée du travail communiste se bat sous un commandement uniforme et solidaire, contre la nature ennemie — tandis que les bataillons éclatés du capitalisme ne se battent pas seulement contre l'ennemi commun, mais en partie aussi les uns contre les autres pour le renversement des concurrents.

Krassine tient en outre son armée plus fermement en main que Stinnes : car les travailleurs de l'armée de Stinnes comprennent clairement qu'une partie de leur travail sert à l'enrichissement d'un entrepreneur étranger, ennemi — tandis que les travailleurs de l'armée de Krassine sont conscients du fait qu'ils travaillent pour l'État communiste, dont ils sont les parties prenantes et les piliers. *Stinnes apparaît à ses travailleurs comme un oppresseur et un adversaire — Krassine comme un leader* [*Führer*] *et un allié.* Voilà pourquoi Krassine peut prendre le risque d'interdire des grèves et d'introduire des dimanches travaillés — tandis que pour Stinnes ce serait impossible.

L'armée de Stinnes est décomposée par des insatisfactions et des mutineries (grèves) grandissantes — tandis que l'armée de Krassine, en dépit de sa misère matérielle, est portée par un but idéal. En bref : la guerre contre les forces de la nature est en Russie une *guerre du peuple* — en Europe et en Amérique c'est une *guerre dynastique* des rois de l'industrie. —

Le travail du travailleur communiste est un combat pour son État et pour sa forme d'État — le travail du travailleur capitaliste est une lutte pour sa vie. Ici le mobile principal [*Haupttriebfeder* : ressort pulsionnel principal] du travail est l'*égoïsme* — là-bas l'*idéalisme politique* : en l'état actuel de l'éthique, *l'égoïsme est, malheureusement, un moteur plus fort que l'idéalisme* et à partir de là, la valeur de combat de l'armée du travail capitaliste est plus grande que celle de l'armée du travail communiste.

Le communisme dispose d'un plan économique plus rationnel — le capitalisme d'un moteur du travail plus fort.

Le *capitalisme* n'*échouera* pas à cause de ses défauts techniques mais *à cause de ses défauts éthiques*. *L'insatisfaction de l'armée de Stinnes* ne se laissera pas à la longue réprimer par les mitrailleuses. Le capitalisme pur se base sur la dépendance [*Unselbständigkeit*] et l'ignorance des travailleurs — tout comme l'obéissance aveugle [*Kadavergehorsam* : le respect des cadavres] militaire se base sur la dépendance et l'ignorance des soldats. Plus la classe des travailleurs devient indépendante [*selbständiger*], consciente d'elle-même et éduquée — plus il devient impossible aux rentiers [*Privatleute*] de les laisser travailler pour leurs intérêts privés [*Privatinteressen*]. —

Le futur appartient à Krassine — l'*expérimentation* [*Experiment*] russe est décisive pour l'économie du *présent*. C'est pourquoi il est dans l'intérêt propre du monde entier de, non seulement ne pas perturber cette expérience, mais encore de la soutenir [*fördern* : encourager] au maximum : car alors seulement son issue serait une réponse à la question de savoir si le communisme est capable de réformer l'économie actuelle — ou si le mal nécessaire du capitalisme lui est préférable.

4. MERCENAIRES ET SOLDATS DU TRAVAIL

À l'âge de la guerre, au capitalisme correspondait l'*armée des mercenaires* [*Söldnerheer*] — au communisme l'*armée du peuple*.

Au temps des mercenaires, tout riche rentier [*Privatmann*] pouvait recruter et s'équiper d'une armée de guerre, qu'il rémunérait [*besoldete*] et commandait — tout comme aujourd'hui tout riche rentier peut recruter et s'équiper d'une armée du travail, qu'il rémunère et commande.

Il y a trois siècles, *Wallenstein* a joué en Allemagne un rôle analogue à celui de *Stinnes* aujourd'hui : à l'aide de sa fortune, qu'il avait accrue au cours de la guerre de Bohème, et de l'armée qu'il avait recrutée et entretenue au moyen de celle-ci, Wallenstein, de rentier, est devenu la personnalité la plus puissante de l'Empire allemand — tout comme aujourd'hui *Stinnes*, à travers sa fortune, qu'il a accrue au cours de la Guerre mondiale ainsi qu'à travers la presse et l'armée du travail qu'il recrute et entretient au moyen de celle-ci, est devenu l'homme le plus puissant de la République allemande. —

Dans un État capitaliste, le travailleur est un mercenaire, l'entrepreneur un condottiere du travail — dans un État communiste, le travailleur est un soldat [*Soldat*] *d'une armée du peuple, qui dépend de généraux employés par l'État.* Tout comme autrefois les condottieres conquéraient des principautés et fondaient des dynasties avec le sang de leurs mercenaires — de même les condottieres modernes, avec la sueur de leurs travailleurs, conquièrent des fortunes et des positions de pouvoir [*Machtstellungen*], et fondent des dynasties de ploutocrates. Tout comme jadis ces chefs de mercenaires — les rois de l'industrie négocient de même aujourd'hui d'égal à égal avec les gouvernements et les États : ils orientent la politique par le biais de leur argent, comme jadis ceux-là par le biais de leur puissance.

La réforme de l'armée du travail, que le communisme est en train de mener, correspond en tout point à la *réforme de l'armée* à laquelle tous les États modernes ont procédé.

La *réforme de l'armée* a remplacé l'armée de mercenaires par une armée du peuple : elle a introduit le devoir militaire [*Wehrpflicht :* service militaire] général, étatisé l'armée, interdit le recrutement privé, remplacé les chefs de lansquenets [*Landsknechtführer :* chefs des serviteurs-du-pays] par des officiers employés par l'État et exalté éthiquement le devoir militaire.

L'État du travail introduit les mêmes *réformes* dans l'*armée du travail :* il proclame le devoir du travail général, étatise l'industrie, interdit l'entrepreneuriat privé, remplace l'entrepreneur privé par des directeurs employés par l'État, et exalte le travail en tant que devoir moral [*sittliche*]. —

Stinnes et Krassine sont tous deux des commandants en chef [*Befehlshaber*] de vigoureuses [*gewaltiger*] troupes de travail, qui se battent contre un ennemi commun : la nature nordique. *Stinnes, en tant que Wallenstein moderne, conduit une armée de mercenaires — Krassine, en tant que maréchal* [*Feldmarschall*] *d'un État du travail, une armée du peuple.* Alors que ces deux commandants en chef [*Feldherrn*] se considèrent comme adversaires, ils sont *alliés*, marchent séparément, frappent unis[52] [*marschieren getrennt, schlagen vereint*]. —

5. CAPITALISME SOCIAL — COMMUNISME LIBÉRAL

Tout comme la régénération du catholicisme a été une conséquence de la Réforme, de même la rivalité entre le capitalisme et le communisme pourrait féconder les deux : si au lieu de se combattre mutuellement par le meurtre, la calomnie et le sabotage ils se limitaient à se prouver leur plus haute valeur via des performances culturelles.

Aucune justification théorique du capitalisme ne plaide mieux en faveur de ce système que l'indiscutable fait que le sort des travailleurs américains (dont beaucoup vont à l'usine avec leur propre voiture) soit meilleur pratiquement que celui des travailleurs russes qui, uniformément entre collègues, ont faim et meurent de faim. En effet la *prospérité est plus essentielle que l'égalité* : mieux vaut que beaucoup deviennent prospères et peu riches — plutôt que domine une misère générale et uniforme. Seules l'*envie* et la *pédanterie* [*Pedanterie*] peuvent s'opposer à ce jugement. Le mieux serait cependant que la richesse soit universelle et générale — mais elle se trouve dans le futur, non dans le présent : seule la technique peut y conduire, pas la politique. —

Le *capitalisme américain* est conscient du fait qu'il ne puisse s'affirmer qu'à travers des effets sociaux généreux.

---

[52] « *Getrennt marschieren, vereint schlagen* », cette expression (« marcher séparément, frapper unis ») serait attribuée au maréchal général de camp prussien Helmuth Graf von Moltke (1800-1891).

Il se voit comme un *gérant de la richesse nationale,* qu'il consacre au soutien [*Förderung :* encouragement] de l'invention, à des buts culturels et humanitaires.

Seul un *capitalisme social,* entreprenant ainsi de se réconcilier avec la communauté des travailleurs, a des perspectives d'existence : seul un *communisme libéral,* entreprenant de se réconcilier avec l'intelligentsia, a des perspectives d'existence. L'*Angleterre* essaie le premier chemin, la *Russie* le second, depuis peu.

Mener une guerre contre la résistance des officiers est à la longue tout aussi impossible que mener une guerre contre la résistance des troupes [*Mannschaft*]. Ceci vaut aussi pour l'armée des travailleurs : elle dépend autant de leaders compétents que de travailleurs de bonne volonté.

Krassine a compris qu'il était nécessaire pour le communisme d'apprendre du capitalisme. C'est pourquoi il encourage depuis peu l'initiative privée, nomme à la direction des entreprises d'État des ingénieurs énergiques et compétents, dotés de pleins pouvoirs [*Vollmachten*] et d'une prise de bénéfices toujours grandissants, et rappelle une partie des industriels chassés ; pour finir, il soutient le faible moteur du travail qu'est l'idéalisme par l'égoïsme, l'ambition, et la contrainte et cherche via ce système mixte à élever les performances de travail du prolétariat russe.

Seules ces méthodes capitalistes peuvent sauver le communisme : car il a appris à reconnaître le fait *que l'hiver et la sécheresse soient des despotes de la Russie bien plus cruels que tous les tsars et les grands-ducs réunis ;* et que cette guerre de libération plus décisive encore, est aussi valable pour eux. C'est pourquoi il place aujourd'hui la bataille contre la faim, l'électrification et la reconstruction de l'industrie et des voies ferrées au centre de sa politique globale, sacrifiant même pour ces plans techniques toute une série de principes politiques. Il sait que son succès ou son échec *économique* conditionnera son succès ou son échec politique, et que dépend de lui le fait de savoir si finalement la Révolution russe mène à la délivrance du monde [*Welterlösung :* rédemption du monde] — ou à la déception du monde. —

L'*abolition de la propriété privée* ne peut, en l'état actuel de l'éthique, qu'*échouer* à cause d'insurmontables résistances psychologiques. Néanmoins le communisme reste un point charnière dans le développement économique, passant d'un État d'entrepreneurs à un État de travailleurs — et dans le développement politique, passant d'un système stérile de démocratie ploutocratique à une nouvelle aristocratie sociale d'humains spirituels. —

6. TRUSTS ET SYNDICATS

Tant que le communisme ne se montrera pas assez mûr pour reprendre les commandes dans le combat technique de libération, *Krassine et Stinnes devront s'entendre*. Les imbéciles [*Dummkopfe*] fanatiques du capitalisme, tout comme du communisme, rejetteront ce chemin qui mène au travail en commun plutôt qu'au travail des uns contre les autres : seules les têtes [*Köpfe*] les plus claires des deux camps s'accorderont sur la reconnaissance du fait *qu'il vaille mieux sauver la culture du monde via une paix d'entente, que de la détruire via une victoire d'anéantissement.* Alors les condottieres de l'économie deviendront des généraux, et les mercenaires de l'économie des soldats.

Dans l'*économie rouge* de demain il ne pourra y avoir qu'aussi peu d'égalité entre les dirigeants [*Führern*] et les dirigés qu'il y en a aujourd'hui dans l'Armée rouge : mais les industriels du futur ne seront plus irresponsables comme aujourd'hui, ils se sentiront plutôt responsables de la totalité. Les capitalistes improductifs (petits trafiquants) disparaîtront de la vie économique, tout comme jadis disparurent de l'armée les généraux de la cour [*Hofgeneräle*] décoratifs. Comme c'est déjà aujourd'hui souvent le cas, le capitaliste productif devra devenir le travailleur le plus intensif de son usine. Via la chute simultanée de ses profits excessifs, s'engagera une égalisation plus juste entre son travail et ses revenus.

Deux groupes de force économiques commencent, dans les États du travail capitalistes, à se partager la direction de l'économie : les représentants [*Vertreter*] des entrepreneurs et des travailleurs — les *trusts* et les *syndicats*. Leur influence sur la politique croît et va dépasser en importance celle des parlements. Ils se complèteront et se contrôleront réciproquement comme jadis le sénat et le tribunat, la chambre haute et la chambre basse. Les trusts dirigeront la mise sous contrainte des forces de la nature et la conquête des trésors de la nature — les syndicats contrôleront la répartition des prises [*Beute :* proies].

Sur le terrain commun de l'augmentation de la production et du perfectionnement [*Vervollkommnung :* accomplissement] de la technique, *Stinnes et Krassine* s'accorderont : car ils sont adversaires sur la question de la répartition — alliés sur la question de la production [*Erzeugung*] : ils se battent l'un contre l'autre sur la question de la méthode économique — *et l'un avec l'autre dans la guerre de l'humanité contre les forces de la nature.*

X. DE L'ÉTAT DU TRAVAIL À L'ÉTAT CULTUREL

1. CULTE DES ENFANTS

Notre époque est simultanément l'époque du combat de la technique et l'époque de préparation de la culture. Elle nous place devant une double exigence :

1. *La développement [Ausbau] de l'État du travail.*
2. *La préparation de l'État culturel.*

La première tâche place la politique au service de la *technique* — la seconde, au service de l'*éthique*.

Seul le regard porté vers l'âge de la culture à venir donne à l'humanité souffrante et combattante de l'âge technique la force [*Kraft*] de poursuivre jusqu'à la victoire le combat contre les violences de la nature.

Le travail supplémentaire que l'humain moderne fournit, par rapport à l'humain médiéval, est son legs [*Vermächtnis*] aux humains du futur ; à travers ce travail supplémentaire, il accumule un capital en connaissances, en machines et en valeurs, dont les intérêts seront un jour savourés par ses petits-enfants.

La division de l'humanité en maîtres [*Herren*] et esclaves[53] [*Sklaven*], en émissaires de la culture et

---

[53] La « dialectique du maître et de l'esclave » est souvent attribuée à Hegel dans la *Phénoménologie de l'esprit*. Cependant Hegel utilise le terme de *maître* (*Herr*), mais non celui d'*esclav*e : il utilise le terme *Knecht*, c'est-à-dire *serviteur*. En un sens cette distinction n'est pas très

travailleurs forcés, est toujours en vigueur aujourd'hui : mais ces castes commencent à se déplacer du social vers le temporel. *Nous ne sommes pas les esclaves de nos contemporains — mais de nos petits-enfants.* À la place d'une *contiguïté* des états de maîtres et d'esclaves, notre conception [*Auffassung*] culturelle pose une *succession* des époques d'esclaves et de maîtres. *Le monde du travail d'aujourd'hui érige les fondements du monde culturel de demain.*

Tout comme jadis l'otium culturel des maîtres était construit sur le surmenage des esclaves — de même l'otium culturel du futur sera construit sur le surmenage du présent. L'humanité de maintenant [*jetzige*] est au service de celle qui vient ; nous semons ce que d'autres récolteront ; notre temps travaille, cherche, lutte — pour qu'un monde futur puisse renaître dans la beauté.

Au culte oriental des ancêtres, s'est ainsi substitué un *culte* occidental *des enfants*. Il fleurit dans l'État du travail, capitaliste comme communiste : en Amérique comme en Russie. Le monde s'agenouille devant l'enfant en tant qu'idole, en tant que promesse d'un avenir plus beau. C'est devenu un dogme que de penser d'abord à l'enfant lorsqu'il est question de bienfaisance. Dans l'Ouest capitaliste, les pères se tuent au travail pour laisser à leurs enfants des possibilités de vie plus riches — dans l'Est communiste,

---

significative : dans les deux cas il s'agit d'un rapport de force entre un dominant et un dominé. Par contre, elle peut devenir significative lorsque l'on comprend que ce qui importe le plus pour l'effectuation de cette dialectique, c'est l'accès aux moyens de production. Or la question est de savoir : les serviteurs et les esclaves ont-ils accès aux mêmes moyens de production ? Ici R. N. Coudenhove-Kalergi utilise les termes *Herr* / *Sklaven*, qui renvoient davantage à Karl Marx.

une génération entière vit et meurt dans la misère, pour assurer à ses descendants un avenir plus heureux et plus juste. *La piété de l'âge européen est dirigée vers l'avant.*

Le culte de l'enfant, à l'Ouest, s'enracine dans la *croyance* [*Glauben* : foi] *en le développement.* L'Européen voit dans ce qui est plus tardif quelque chose de mieux, de plus hautement développé ; il croit que ses petits-enfants seront plus dignes de liberté que lui et ses contemporains : il croit que le monde avance. Là où l'Oriental voit le présent suspendu, en équilibre entre le passé et le futur — il apparaît à l'Européen comme une boule qui roule, se détachant toujours plus vite de son passé, pour se précipiter dans un futur inconnu. *L'Oriental demeure au-delà du temps ; l'Européen va avec le temps :* il repousse le passé et embrasse son futur. Son histoire est un perpétuel règlement de compte avec le passé et une ruée vers le futur. Dans la mesure où il fait l'expérience [*miterlebt*] de l'avancée du temps, l'immobilité signifie pour lui la régression. Il vit dans le *monde héraclitéen du devenir* — l'Oriental dans le *monde parménidien de l'être* [*Seins*].

La conséquence de cette attitude [*Einstellung*] en est, que notre âge n'est à évaluer que depuis la perspective de l'âge à venir. C'est un *temps de préparation et de combat,* d'immaturité et de passage [*Überganges*]. Nous sommes un genre jeune, qui marche sur le pont entre deux mondes, et qui se tient aux commencements d'un cercle culturel [*Kulturkreis*] inexploré : notre plus forte émotion, nous l'éprouvons ainsi à travers la ruée vers l'avant, la croissance et les combats — et non à travers la pacifique jouissance de la maturité orientale. *Notre but n'est pas le plaisir — mais la liberté ; notre chemin n'est pas la contemplation — mais l'action. —*

2. DEVOIR DU TRAVAIL

Le développement [*Aufbau*] *de l'État du travail* est le seul devoir culturel [*Kulturpflicht*] de notre âge. L'État du travail est la dernière étape de l'humain sur son chemin vers le paradis culturel du futur.

Développer l'État du travail signifie : mettre toutes les forces du travail tangibles, de la nature et des humains, de la façon la plus rationnelle, au service de la production et du progrès technique. —

Dans une époque qui construit les fondements de la culture à venir, personne n'a droit à l'otium. Le *devoir du travail général* est en même temps un devoir éthique et un devoir technique.

Popper-Lynkeus a ébauché dans son ouvrage « *Die allgemeine Nährpflicht* » [« *Le devoir de nourrir général* »] un programme idéal pour le développement de l'État du travail. Il y demande qu'au devoir militaire soit substitué un service du travail obligatoire et général, lequel durerait plusieurs années et permettrait à l'État de garantir à vie à chacun de ses membres un minimum de subsistance, en termes de nourriture, habitat, habillement, chauffage et soins médicaux. Ce programme pourrait briser la misère et l'inquiétude [*Sorge :* souci], en même temps que la dictature des capitalistes et des prolétaires. À travers le devoir du travail général, les différences de classe cesseraient, comme cesse avec l'introduction du devoir militaire général, en temps de guerre, l'opposition entre les soldats de métier et les civils. — L'abolition du prolétariat est un idéal plus souhaitable que sa domination[54]. —

Le travail forcé le plus général, est le prix que demande Popper-Lynkeus pour l'aplanissement de la misère et de l'inquiétude. Réduire au minimum ce travail forcé, à travers l'encouragement de la technique et l'amélioration de l'organisation, pour finalement le remplacer par un travail volontaire [*freiwillige* : librement voulu] — voilà ce qui forme le deuxième point du programme de l'État du travail.

L'espoir que *Lénine* exprime *dans* « *L'État et la Révolution* », à savoir que l'humanité continuerait volontairement de travailler, même après l'abolition du travail forcé, n'est pas une utopie pour les pays du Nord. En effet l'Européen et l'Américain infatigables ne trouvent aucune satisfaction dans l'inactivité ; à travers la contrainte multimillénaire, le travail leur est devenu une seconde nature : ils en ont besoin pour exercer leurs forces, et pour chasser le spectre de l'ennui. *Leur idéal est actif, non contemplatif.* C'est pour cette raison — et non par cupidité — que la plupart des millionnaires de l'Ouest continuent de travailler sans répit, au lieu de savourer insouciamment leur fortune ; et pour cette même raison que beaucoup d'employés voient leur mise à la retraite comme un coup du destin, parce qu'ils préfèrent le travail auquel ils sont habitués plutôt que l'oisiveté [*Müßiggang*] forcée. —

Dans l'état actuel de la technique, ce travail volontaire serait encore *insuffisant* pour bannir la détresse : beaucoup de surmenage et de travail forcé sont encore nécessaires afin de libérer le chemin pour le beau et libre travail du futur.

---

[54] Cf. Karl Marx et la notion de *dictature du prolétariat*.

L'*inventeur* trace ce chemin vers le futur. Son œuvre [*Schaffen :* action d'œuvrer] infatigable et silencieuse est plus essentielle et significative pour la culture que l'effervescence bruyante des politiciens et des artistes, qui se précipitent au premier plan de l'arène du monde. La société moderne se doit d'encourager par tous les moyens imaginables ses inventeurs et leurs activités : elle devrait leur accorder la même situation avantageuse que le Moyen Âge aménageait pour ses moines et ses prêtres, et ainsi leur proposer la possibilité de développer sans inquiétude leurs inventions.

Tout comme les *inventeurs* sont les *personnalités les plus importantes* de notre époque, de même les *travailleurs industriels* en sont *la position la plus importante :* car ils forment la troupe de première ligne dans le combat de l'humain pour la maîtrise de la Terre et ils donnent naissance aux figures [*Gebilde*] qui ont été engendrées par les inventeurs. —

3. L'ÉTAT DES PRODUCTEURS ET L'ÉTAT DES CONSOMMATEURS

Un autre des devoirs de l'État du travail est l'*élévation* [*Hebung*] *de la prospérité générale à travers l'augmentation de la production.*

Dès que seront mises sur le marché plus de ressources qu'il ne peut en être consommées — cessera alors la faim, et l'état de nature béni du pays des arbres à pain se répétera à un niveau plus élevé.

Ce n'est que lorsqu'une ville construit plus de logements qu'elle n'héberge de famille qu'elle bannit la détresse du logement, qu'elle ne fait que soulager, répartir et déplacer en procédant à une mise en quartier forcée [*Zwangseinquartierungen*].

Ce n'est que lorsqu'autant de voitures seront produites que de montres, que chaque travailleur sera propriétaire d'une voiture : qu'il n'y ait pas que les commissaires du peuple qui s'asseyent dans les voitures confisquées des directeurs de banque.

Ce n'est qu'à travers la production, et non à travers la confiscation, que la prospérité d'un peuple peut continuellement s'élever. —

Dans l'État *capitaliste*, la production est dépendante [*abhängig*] de la *formation des prix*. Quand c'est dans l'intérêt de la formation des prix, le producteur est tout aussi bien décidé à anéantir qu'à produire des marchandises, à entraver qu'à encourager la technique, à réduire qu'à augmenter la production. Si le développement technique et culturel est au diapason de ses intérêts, alors il est prêt à l'encourager — s'ils sont en opposition réciproque, alors il se prononce sans hésiter pour le profit, contre la technique, la production et la culture.

Il est dans *l'intérêt* durable *des producteurs* que la demande excède toujours l'offre — tandis qu'il est dans *l'intérêt des consommateurs* que l'offre excède la demande.

Le producteur vit du besoin [*Not :* misère, détresse, urgence] des consommateurs : les producteurs de céréales vivent du fait que les humains aient faim ; les producteurs de charbon vivent du fait que les humains aient froid. Ils ont intérêt à éterniser la faim et le froid. Le capital des céréales serait décidé à saboter l'invention d'un remplaçant du pain — et le capital du charbon l'invention d'un remplaçant du charbon ; le cas échéant, ils essaieraient de racheter et d'anéantir l'invention en question. Les travailleurs des domaines de production en question seraient solidaires de leurs entrepreneurs, pour ne pas perdre travail et revenus.

Les entrepreneurs et les travailleurs industriels ont intérêt à la hausse des prix de leurs articles industriels, — les agriculteurs et les travailleurs agricoles à la hausse des prix de leurs produits de la terre. En tant que *producteurs,* les souhaits des humains divergent — tandis qu'en tant que *consommateurs,* tous les humains ont le même but commun : la *réduction des prix à travers une augmentation de la production.*

Une autre des idioties de l'État des producteurs est la *publicité* [*Reklame*]. Elle est une conséquence nécessaire du combat concurrentiel et consiste en la hausse de la demande à travers l'éveil artificiel de la convoitise humaine. Cet étalage et cette course au luxe, qui éveille la convoitise sans jamais pouvoir la satisfaire — agit aujourd'hui en tant que *cause principale de l'envie généralisée, de l'insatisfaction et de l'aigrissement* [*Verbitterung :* exaspération] *généralisés.* Aucun habitant des grandes villes ne peut acheter tout ce déballage de marchandises qui aveugle ses yeux sur les étalages : il se sent donc obligatoirement toujours pauvre, comparé à ces richesses et ces jouissances empilées et déballées. Les ravages de l'âme que cause la publicité ne peuvent être aplanis qu'à travers l'abolition de la concurrence ; le combat concurrentiel ne peut à son tour être aplani qu'à travers l'abandon du capitalisme.

En dépit du formidable soutien [*Förderung :* encouragement] dont l'âge technique est redevable au capitalisme, il ne doit pas devenir aveugle aux dangers qui le menacent de ce côté-là : il va devoir, au bon moment, mettre en application un meilleur système, évitant les fautes du capitalisme.

Le rival et héritier de l'État entrepreneurial capitaliste, *l'État des travailleurs communiste*, reprend une partie des erreurs de son prédécesseur : car chez lui aussi *domine un groupe de producteurs*, lui aussi est un *État de producteurs*.

L'État culturel du futur sera en revanche un *État de consommateurs :* sa production sera contrôlée par les consommateurs — et non, comme aujourd'hui, la consommation contrôlée par les producteurs. On ne produira pas par amour du profit — mais par amour du bien-être [*Wohlfahrt :* aide sociale] et de la culture généralisés : non par souci des producteurs, mais par souci des consommateurs.

C'est la mission future du *parlement* que de représenter et de défendre les intérêts concordants de tous les consommateurs contre les intérêts divergents des groupes de producteurs, dont les porte-paroles sont aujourd'hui encore les députés et les partis.

4. RÉVOLUTION ET TECHNIQUE

Le *renversement économique*, qui doit remodeler [*umschaffen*] l'actuelle anarchie de la production européenne en un nouvel ordre, n'a pas le droit d'oublier sa *mission productive* et doit se garder de sombrer dans les *méthodes destructives de la Russie*. En effet l'Europe est, du fait de sa situation nordique et de sa surpopulation, dépendante plus que tout autre continent, du travail organisé et de la production industrielle. Elle ne peut pas vivre, même temporairement, des aumônes de sa nature avare ; tout ce qu'elle a obtenu, elle le doit aux actions de son armée du travail. Dont la désorganisation radicale à travers la guerre ou l'anarchie signifie la *mort culturelle de l'Europe :* car à travers une immobilité temporaire de la production industrielle, ce sont au moins cent-millions d'Européens qui devraient mourir de faim ; l'Europe, à qui manque la force de résistance de la Russie, ne pourrait pas survivre à une telle catastrophe. —

L'éthique exige du renversement européen à venir qu'il ménage et sanctifie la vie humaine — ; la technique exige du renversement européen à venir qu'il ménage et sanctifie l'œuvre [Schaffen] humaine.

Qui tue un *humain* volontairement [*mutwillig*] — commet un sacrilège à l'égard de l'esprit saint de la communauté ; qui détruit volontairement une *machine* — commet un sacrilège à l'égard de l'esprit saint du travail. De ce double sacrilège s'est rendu coupable au plus haut degré le capitalisme pendant la Guerre mondiale, le communisme pendant la Révolution russe. Les deux n'ont fait preuve de respect ni pour la vie humaine, ni pour l'œuvre humaine.

Si l'Europe est capable d'apprendre, alors elle peut apprendre de la *Révolution russe* quelles méthodes elle n'a *pas* le droit d'utiliser ; car en celle-ci elle a un exemple édifiant de l'importance [*Bedeutung* : signification] de la technique et de la vengeance qu'elle inflige à ceux qui la méprise. Les détenteurs de pouvoir [*Machthaber*] en Russie ont imaginé pouvoir délivrer [*erlösen*] leur pays et le monde avec des buts éthiques et des moyens militaires seuls — plutôt qu'à travers le travail et la technique. Ils ont sacrifié l'industrie et la technique de leur pays à la politique. Mais tandis qu'ils saisissaient les étoiles de l'égalité, ils ont perdu sous leurs pieds le sol de la production — et ont donc chuté dans l'abîme de la misère. Pour se sauver de cet abîme, dans lequel les peuples russes se délitent, les leaders communistes se voient contraints d'appeler à l'aide leurs ennemis mortels capitalistes, contre la nature russe surpuissante, qui jadis pulvérisa la grande armée napoléonienne, et qui menace aujourd'hui le bolchevisme avec la même fatalité.

Si l'Europe suit l'exemple destructif de la Révolution russe, elle risque alors, au lieu de s'engager vers un nouvel ordre post-capitaliste, de sombrer à nouveau dans la primitivité de la barbarie pré-capitaliste et de se retrouver contrainte de retraverser une fois de plus l'époque capitaliste. Il est souhaitable que sa clarté d'esprit la garde de ce destin tragique, sinon il lui arrivera ce qui arrive à un patient sous anesthésie, mourant d'une défaillance cardiaque — tandis qu'une géniale opération est accomplie sur lui. Le pouls de l'Europe est en effet la technique : sans technique elle ne peut pas vivre — même sous la plus libre des constitutions. Avant de pouvoir passer à la répartition des biens, la production des biens doit être assurée : car qu'y a-t-il besoin d'égalité quand tous meurent de faim ? Et en quoi nuit l'inégalité, quand personne ne souffre de la misère ?

La *Révolution européenne* devrait multiplier sa production, au lieu de l'anéantir — ranimer sa technique, au lieu de la détruire. C'est seulement ainsi qu'elle aurait une perspective de réussite et de réalisation durable de son idéal éthique.

L'organisation technique et le parc de machines européens forment le fondement de sa future culture ; si l'Europe tente de poser le toit politique sur cette construction culturelle, avant que d'en monter les murs porteurs techniques — l'édifice s'écroule et enterre sous ses décombre le maître d'œuvre irréfléchi avec ses pauvres habitants. —

5. LES DANGERS DE LA TECHNIQUE

Où mènent les exigences éthiques lorsqu'elles sont aveugles aux nécessités techniques — c'est ce qu'a montré le déroulement de la *Révolution russe* ; où mènent les progrès techniques lorsqu'ils sont aveugles aux nécessités éthiques — c'est ce qu'a montré le déroulement de la *Guerre mondiale.*

La technique sans l'éthique mène aussi bien à des catastrophes que l'éthique sans la technique. Si l'Europe ne fait aucun progrès en termes éthiques, elle titubera nécessairement d'une guerre mondiale en une autre : lesquelles seront d'autant plus épouvantables que la technique se sera davantage développée entre temps. *L'effondrement de l'Europe est également inévitable si elle ne règle pas le pas de son progrès éthique sur celui de son progrès technique.* Cependant il serait aussi risible et lâche de combattre et maudire la technique en tant que telle à cause de la possibilité de catastrophes culturelles techniques — qu'il serait risible et lâche d'éviter et proscrire le chemin de fer à cause de la possibilité des accidents de chemin de fer.

Pendant que l'Europe développe l'État du travail, elle n'a pas le droit d'oublier de *préparer l'État culturel.* Les émissaires du développement éthique : les professeurs et les prêtres, les artistes et les écrivains — préparent les humains au grand jour de fête, qui est le but de la technique. Leur importance est aussi grande que celle des ingénieurs, des chimistes, des médecins : ceux-ci mettent en forme [*gestalten*] le corps de la culture à venir — ceux-là l'âme. En effet *la technique est le corps, et l'éthique l'âme de la culture.* C'est ici que réside leur opposition — ici que réside leur parenté. —

L'éthique enseigne aux humains le juste usage de la puissance et de la liberté, que la technique leur accorde. Tout abus de puissance et de liberté est plus fatal aux humains que l'impuissance et l'absence de liberté : de par la méchanceté humaine, la vie dans la future période d'otium pourrait devenir encore plus affreuse que celle dans l'actuelle période de travail forcé.

Il dépend de l'éthique que la technique mène les humains aux enfers ou aux cieux.

La machine a une tête de Janus : manipulée avec esprit, elle sera l'esclave de l'humain du futur et lui assurera la puissance, la liberté, l'otium et la culture — manipulée sans esprit, la machine réduira l'humain en esclavage et lui volera le reste de sa puissance et de sa culture[55]. Si l'on ne réussit pas à faire de la technique un organe de l'humain — alors l'humain se réduira nécessairement à une partie de la machine.

La technique sans l'éthique est un *matérialisme pratique* : il mène au déclin de ce qu'il y a d'humain dans l'humain et à sa métamorphose en machine ; il amène l'humain à se banaliser et à sacrifier son âme aux choses. Tout progrès technique devient dommageable et sans valeur si l'humain, tandis qu'il conquiert le monde, perd son âme : il aurait alors mieux valu pour lui qu'il demeurât un animal.

Tout comme parmi les peuples de guerre les armées et les guerres étaient nécessaires pour le maintien de la liberté et de la culture — de même le travail et la technique sont

---

[55] La thématique du couple maître / esclave occupe beaucoup les esprits au début du XXe siècle, comme s'il n'existait que deux modes d'existence (sadiques ou sadiens) : soit maître, soit esclave.

nécessaires sur les continents pauvres et surpeuplés pour le maintien de la vie et de la culture. L'armée doit cependant rester au service de buts politiques — la technique au service de buts éthiques. Une technique qui s'émancipe de l'éthique et se prend pour une fin en soi est aussi fatale pour la culture que l'est pour un État une armée qui s'émancipe de la politique et se prend pour une fin en soi : un industrialisme sans leader pousse tout autant la culture dans l'abîme — qu'un militarisme sans leader y pousse l'État.

Tout comme le corps est un organe de l'âme, de même *la technique doit se soumettre à la conduite éthique ;* elle doit se garder de tomber dans l'erreur que l'art a commise par la proclamation de l'art pour l'art [*l'art pour l'art*] ; car *ni l'art, ni la technique, ni la science, ni la politique ne sont des fins en soi : tous ne sont que des chemins qui mènent à l'humain — à l'humain fort et accompli.* —

6. LE ROMANTISME DU FUTUR

Lors des temps durs et difficiles, la nostalgie grandit et avec elle le *romantisme.*

Notre temps aussi a donné naissance à un romantisme : partout naît la nostalgie pour des mondes lointains et plus beaux, qui doivent nous aider à surmonter la cruelle monotonie de nos journées de travail. Les centres de soin du romantisme moderne : *cinémas, théâtres, romans,* sont comme des fenêtres à travers lesquelles les travailleurs forcés de la maison de redressement européenne peuvent jeter un œil dans la liberté [*ins Freie :* dans l'ouvert, dans la vacance, dans le vide]. —

Le romantisme moderne a *quatre* formes principales :

– Le *romantisme du passé*, qui nous renvoie dans des époques plus colorées et plus libres de notre histoire ;

– Le *romantisme du lointain*, qui nous découvre le grand Est et l'Ouest sauvage ;

– Le *romantisme de l'occulte*, qui pénètre dans les domaines les plus fermés de la vie et de l'âme, et qui remplit le quotidien désertique avec des merveilles et des mystères ;

– Le *romantisme du futur*, qui console l'humain du désolant aujourd'hui, à travers l'aperçu d'un lendemain doré.

Spengler, Kayserling et Steiner rejoignent ce romantisme moderne ; Spengler nous découvre les cultures du passé — Kayserling les cultures du lointain — Steiner le royaume de l'occulte. La grande influence que ces hommes exercent sur la vie de l'esprit[56] [*Geistesleben*] allemande découle en partie de la nostalgie romantique du peuple allemand, durement éprouvé, regardant dans le passé, le lointain et au ciel, pour y trouver une consolation. —

L'imagination [*Phantasie*] mène vers le passé, le lointain et l'au-delà — l'action, vers l'avenir. C'est pourquoi ni l'historicisme, ni l'orientalisme, ni l'occultisme n'agissent en tant que force effectivement motivante [*treibende*] de notre temps — mais plutôt le *romantisme du futur* : il a donné naissance à l'idée d'*État du futur* et avec elle a déclenché le mouvement mondial du socialisme : il a créé l'idée du *surhumain* et avec elle a déclenché la

---

[56] À propos de la notion de *vie de l'esprit*, cf. Hegel.

réévaluation des valeurs.

Marx, le proclamateur de l'État du futur et *Nietzsche*, le proclamateur du surhumain, sont tous deux des *romantiques du futur*. Ils ne repoussent le paradis ni dans le passé — ni dans le lointain — ni dans l'au-delà : mais dans le futur. Marx prêche l'arrivée du royaume mondial du travail — Nietzsche l'arrivée du royaume mondial de la culture. Tout ce qui aujourd'hui se rapporte à l'*État du travail*, doit prendre position par rapport au socialisme — tout ce qui aujourd'hui se rapporte à la préparation de l'*État culturel*, doit prendre position par rapport au surhumain. *Marx est le prophète du lendemain — Nietzsche le prophète du surlendemain*[57].

Tous les grands événements sociaux et spirituels de l'Europe actuelle se rattachent d'une façon ou d'une autre à l'œuvre de ces deux hommes : la révolution mondiale, sociale et politique, est placée sous le signe de Marx — la révolution mondiale, éthique et spirituelle, est placée sous le signe de Nietzsche. Sans ces deux hommes, la face de l'Europe serait autre. —

Marx et *Nietzsche*, les proclamateurs de l'idéal du futur, social et individuel, sont tous deux des Européens, des hommes, des personnes dynamiques. De la fixation de leurs idéaux dans le futur résultent la volonté et la nécessité de les réaliser par des actions. Leurs idéaux dynamiques

---

[57] « Marx ist der Prophet des Morgen — Nietzsche der Prophet des Übermorgen ». En allemand, *demain* et *matin* sont exprimés par le même mot : *Morgen*. Nietzsche a aussi écrit un livre nommé *Morgenröte — Gedanken über die moralischen Vorurteile* (1881) [*Aurore — Réflexion sur les préjugés moraux*]. La traduction ne permet pas de rendre ce jeu entre le *surlendemain* et le *surmatin*.

incluent des *exigences :* ils ne veulent pas seulement instruire l'humain, mais aussi le contraindre ; ils tournent son regard vers l'avant, et agissent ainsi comme des recréateurs de la société et de l'humain. Dans leur polarité se reflètent l'essence de l'esprit européen et le futur du destin européen. —

Le plus haut, l'ultime idéal du romantisme du futur européen est : non pas l'abandon de — mais le *retour à la nature sur un plan plus élevé.* La culture, l'éthique et la technique sont au service de cet idéal. Après des centaines de milliers d'années de guerre, l'humain doit à nouveau faire la paix avec la nature et retourner dans son royaume ; mais non en tant que sa créature — plutôt en tant que son maître. En effet, l'humain est sur le point de renverser la constitution de sa planète : hier elle était anarchique, demain elle devra devenir monarchique. *Une créature, parmi des milliards, est en train de s'emparer de la couronne de la création : l'humain libre et épanoui, en tant que maître royal de la Terre.*

PACIFISME 1924

Aux héros de la paix, morts, vivants, à venir !

1. DIX ANNÉES DE GUERRE

La paix, qui est tombée en ruine il y a dix ans, n'est à ce jour toujours pas rétablie. À la *période de guerre* de cinq ans a succédé pour l'Europe une *période* de cinq ans *de demi-guerre*. Pendant cette période il y a eu la guerre russo-polonaise et la guerre gréco-turque, l'occupation de la Ruhr, les combats en Haute-Silésie, en Lituanie, en Hongrie de l'Ouest, à Fiume, à Corfou, la guerre civile en Allemagne, en Italie, en Espagne, en Hongrie, en Irlande, en Grèce, en Bulgarie et en Albanie, la propagation des assassinats politiques et de l'incitation à la haine raciale [*Völkerverhetzung* : incitation à la haine des peuples], l'effondrement des devises et l'appauvrissement de tous les peuples.

Cette *décennie, la plus grave de l'histoire européenne* depuis les invasions barbares [*Völkerwanderung* : migration des peuples], forme une accusation contre la guerre plus grave encore que celle que les pacifistes ont pu ou pourraient porter conte elle : néanmoins cette accusée n'a été pénalisée ni dans sa liberté, ni dans son honneur, ni dans sa vie, bien au contraire, elle est fêtée partout en triomphatrice, dicte la politique européenne et se prépare à fondre de nouveau sur les peuples d'Europe, pour les anéantir définitivement.

En effet, on ne peut douter du fait qu'en raison du progrès des techniques de guerre, et plus particulièrement de la fabrication des poisons et de l'aviation [*Aviatik*], la prochaine guerre européenne n'affaiblirait pas ce continent, elle l'*anéantirait* plutôt.

Par rapport à ce danger, qui le concerne personnellement

et directement, chaque Européen doit prendre position. S'il lui paraît inévitable, alors reste comme seule conséquence logique l'émigration vers un continent étranger. S'il lui paraît évitable, alors reste en tant que devoir le combat contre le risque de guerre et ses émissaires : *le devoir de pacifisme.*

Demeurer Européen n'est pas seulement un destin aujourd'hui — c'est surtout un problème [Aufgabe : tâche] plein de responsabilité, dont la solution conditionne le futur de tous et de chacun.

* * *

Le pacifisme est aujourd'hui en Europe la seule Realpolitik. Celui qui espère le salut d'une guerre, s'adonne à des illusions romantiques.

La majorité des politiciens européens semble reconnaître cela et souhaiter la paix — et avec eux l'écrasante majorité des Européens.

Ce fait ne peut pourtant pas calmer le pacifiste se souvenant qu'il en était déjà de même en 1914 ; à l'époque aussi la plupart des hommes d'État et la majorité des Européens voulaient la paix : et cependant la guerre a éclaté, contre leur volonté.

Ce déclenchement de la guerre a réussi grâce à un *coup d'État international* de la minorité des amis de la guerre, contre la majorité des ennemis de la guerre en Europe.

Ce coup d'État, préparé de longue date, a saisi une occasion propice, désarçonné à travers des mensonges et des slogans les peuples inconscients, dont le destin est alors resté pendant des années livré à ces minorités.

Nous en sommes donc arrivés à la Guerre mondiale à cause de la détermination des militaristes et de la faiblesse des pacifistes. Tant que cette relation demeure, tous les jours peut éclater une nouvelle guerre européenne. En effet aujourd'hui, comme autrefois, une minorité guerrière petite mais énergique fait face à une majorité pacifiste grande mais dénuée d'énergie ; elle joue avec la guerre au lieu de l'écraser ; elle adoucit les bellicistes au lieu de les terrasser, et crée ainsi la même situation qu'en 1914.

* * *

Le pacifisme oublie qu'un loup est plus fort que mille moutons — et que le nombre, en politique comme en stratégie, n'est décisif que s'il est bien mené et bien organisé.

Cela, le pacifisme d'aujourd'hui l'est aussi peu qu'il y a dix ans : s'il l'avait été autrefois, la guerre n'aurait pas éclaté ; s'il l'était aujourd'hui, l'Europe serait protégée d'une nouvelle guerre.

L'impuissance du pacifisme réside aujourd'hui comme autrefois dans le fait que, certes beaucoup *souhaitent* la paix, mais très peu la *veulent* ; beaucoup craignent la guerre — mais seuls peu la combattent.

2. CRITIQUE DU PACIFISME

La passive culpabilité de guerre afflige le pacifisme européen. Son mauvais encadrement, sa faiblesse et son absence de caractère ont encouragé les bellicistes à commencer la guerre.

Les partisans de la pensée pacifiste, qui en 1914 ne se sont pas engagés à temps ni assez fortement pour leur idéal, sont coresponsables du déclenchement de la guerre.

Mais si aujourd'hui, après cette expérience et cette constatation, un adversaire de la guerre s'obstine à la passivité, il attire alors sur lui une culpabilité encore plus lourde en prêtant ainsi main forte indirectement à la future guerre.

Un pacifiste riche, qui aujourd'hui ne finance pas la paix, est un demi-belliciste.

Un journaliste enclin au pacifisme, qui aujourd'hui ne propage pas le paix — est également un demi-belliciste.

Un électeur, qui pour des motifs de politique intérieure, élit un candidat dont il n'a pas été témoin de sa volonté pacifiste — se condamne ainsi lui-même et ses enfants à une demi-peine de mort.

Le devoir de chaque pacifiste est : dans la mesure de ses possibilités, empêcher la menace d'une guerre future ; s'il ne fait rien dans cette direction, soit il n'est alors pas pacifiste, soit il est irresponsable [*pflichtvergessen :* oublieux du devoir].

* * *

Le pacifisme n'a *rien appris* de la guerre : il est aujourd'hui essentiellement le même qu'en 1914. S'il ne reconnaît pas ses erreurs et s'il ne change pas, le militarisme le piétinera aussi dans le futur.

Les *principales erreurs du pacifisme européen* sont :

Le pacifisme est *non politique :* parmi ses leaders il y a trop de doux rêveurs, et trop peu de politiciens. C'est pourquoi le pacifisme compte souvent sur des illusions, et ne tient pas compte des faits donnés, ne tient pas compte des faiblesses, de la déraison et de la méchanceté humaines : il tire donc de présupposés faux, des conclusions fausses.

Le pacifisme est *illimité* [*uferlos :* sans quai] ; il ne sait pas s'y prendre pour délimiter ses buts ; il ne parvient à rien parce qu'il veut tout en même temps.

Le pacifisme est *prudent* [*weitsichtig :* voit loin] ; il est raisonnable dans le but — mais déraisonnable dans les moyens. Il dirige son vouloir [*Wollen*] vers le futur — mais laisse le présent aux intrigues des militaristes.

Le pacifisme n'a *pas de plan :* il veut empêcher la guerre, sans la remplacer ; à son but négatif manque le programme positif d'une politique mondiale active.

Le pacifisme est *éclaté ;* il a des sectes mais pas d'Église ; ses groupes travaillent isolés, sans encadrement ni organisation uniformes.

Le pacifisme a l'habitude d'être une *annexe* plutôt que

le *point central* des programmes politiques ; leur point central est une attitude qui relève de la politique intérieure, tandis que leur pacifisme est plus tactique que principiel.

Le pacifisme est *inconséquent ;* il est généralement prêt à reculer aveuglément [*kritiklos :* sans discernement, sans esprit critique] devant un « idéal plus haut », c'est-à-dire devant un slogan adroit, comme il l'a fait en 1914 et comme il serait prêt à le refaire dans le futur.

* * *

Les pacifistes sont le plus grand défaut [*Übel :* mal] *du pacifisme.* N'y change rien le fait que ce soit parmi eux que se trouvent les meilleurs et les plus importants [*beteudensten*] hommes de notre temps. Ceux-ci sont exceptés de la critique suivante.

La plupart des pacifistes sont des *fantaisistes* [*Phantasten :* rêveurs], lesquels méprisent la politique et ses moyens au lieu de les pratiquer ; c'est pourquoi ils ne sont pas, au grand détriment de leurs buts, pris au sérieux politiquement.

Beaucoup de pacifistes croient changer le monde à travers des *prêches* — plutôt que par des actions [*Handeln*] : ils compromettent le pacifisme politique en lui imposant des spéculations religieuses et métaphysiques.

La *crainte* de la guerre, principalement, est la mère du pacifisme. Cette crainte du danger s'étend aussi à la vie quotidienne du pacifiste, elle l'empêche ainsi de s'exposer pour la pensée pacifiste.

La *bravoure* et le *dévouement* [*Opferwilligkeit :* la

volonté de sacrifice] sont plus rares chez les pacifistes que chez les militaristes ; beaucoup reconnaissent le risque de guerre — mais peu recourent à un sacrifice personnel ou matériel pour le détourner. Au lieu d'être des combattants — ce sont des *tire-au-flanc du pacifisme,* qui laissent aux autres le combat dont ils récoltent une partie des fruits.

Beaucoup de pacifistes sont des natures *douces* [*sanfte Naturen :* petites natures] qui ne craignent [*scheuen*] pas seulement la guerre — mais aussi le combat contre la guerre ; leur cœur est pur, mais leur volonté est faible et leur valeur au combat est donc illusoire.

La plupart des pacifistes sont *faibles dans leurs convictions* — comme la plupart des humains ; incapables de contrer une suggestion de masse à l'instant décisif — ils sont pacifistes en temps de paix, militaristes en temps de guerre. Seule une organisation ferme, menée par une volonté forte, peut les contraindre durablement au service de la paix.

3. PACIFISME RELIGIEUX ET POLITIQUE

Le pacifisme religieux combat la guerre, parce qu'elle est *amorale* [*unsittlich :* sans coutumes et bonnes mœurs] — le pacifisme politique, parce qu'elle est *non rentable.*

Le pacifisme religieux voit dans la guerre un *crime* — le pacifisme politique une *imbécillité.*

Le pacifisme religieux veut abolir la guerre à travers un *changement des humains* — le pacifisme politique veut empêcher la guerre à travers un *changement des relations.* —

Ces deux formes de pacifisme sont bonnes et justifiées : séparées elles servent la paix et le progrès humains ; ce n'est que dans leur mélange qu'elles se nuisent plus qu'elles ne se servent mutuellement. En revanche elles doivent mutuellement sciemment se soutenir : il est donc normal [*selbstverständlich*] que le pacifiste politique se serve aussi d'arguments éthiques pour renforcer l'attractivité de sa propagande ; et que le pacifiste religieux, dans un cas critique, soutienne la politique pacifiste — plutôt que la militariste.

* * *

Dans ses méthodes, le pacifisme pratique doit cependant s'émanciper du pacifisme éthique : sinon il demeure incapable de mener victorieusement le combat contre le militarisme.

En politique, les méthodes *machiavéliennes* du

militarisme ont mieux fait leurs preuves que les méthodes *tolstoïennes* du pacifisme qui a pour conséquent dû capituler en 1914 et 1919.

Si à l'avenir le pacifisme veut vaincre, il doit alors apprendre de ses adversaires et poursuivre *ses buts tolstoïens avec des moyens machiavéliens :* il doit apprendre des bandits comment on traite avec les bandits. En effet celui qui parmi des bandits jette son arme en signe de non-violence, n'aide ainsi que les bandits, que la violence, que l'injustice.

C'est pourquoi le pacifiste politique doit reconnaître le fait que, dans la politique actuelle, la non-violence de la violence n'est pas encore mure, que seul peut renoncer à la violence celui qui, comme jadis le christianisme, compte sur les siècles. Mais l'Europe ne peut faire cela : si la paix ne vainc pas ici bientôt, alors dans 300 ans seuls des archéologues chinois dérangeront encore le calme de ses églises. Il ne suffit donc pas que la paix européenne vainque : si elle ne vainc pas bientôt, sa victoire sera illusoire.

* * *

Qui veut jouer victorieusement à un jeu, doit se soumettre aux *règles du jeu.* Les règles du jeu de la politique sont : la *ruse* et le *pouvoir* [*Gewalt :* la violence].

Si le pacifisme veut s'insérer pratiquement dans la politique, alors il doit se servir de ces moyens pour combattre le militarisme. Ce n'est qu'après sa victoire qu'il pourra changer les règles du jeu et substituer le droit [*Recht*] à la puissance [*Macht*].

Cependant, tant qu'en politique la puissance passe avant

le droit, *le pacifisme doit s'appuyer sur la puissance*. S'il laisse la puissance aux bellicistes, tandis que lui-même s'appuie seulement sur son bon droit — il ne prête alors main forte, en tant qu'il reste borné dans ses principes [*aus Prinzipienreiterei*], qu'à la guerre du futur.

Un politicien qui ne veut pas utiliser le pouvoir [*Gewalt*] ressemble à un chirurgien qui ne veut pas couper : ici comme là, il s'agit de trouver la juste mesure entre le trop et le trop peu : sinon le patient meurt au lieu de guérir.

La politique est l'apprentissage de la conquête et de l'usage juste de la puissance. La paix intérieure de tous les pays est maintenue [*aufrechterhalten*] à travers le *droit* et le *pouvoir :* le droit sans le pouvoir mènerait immédiatement au chaos et à l'anarchie, donc à la plus grave forme de pouvoir [*Gewalt :* violence].

Le même destin menace la paix internationale — si son droit ne trouve aucun soutien dans une organisation internationale de la puissance.

Le pacifisme en tant que programme *politique* ne doit donc en aucun cas refuser le pouvoir [*Gewalt :* violence] : seulement il doit l'utiliser *contre* la guerre — plutôt que pour.

* * *

La méfiance des masses pacifiques [*friedliebenden*] vis-à-vis de la gouvernance politique des pacifistes, qui est un paradoxe apparent, s'explique par le fait que la plupart des pacifistes ne maîtrisent pas le B.A.-BA de la politique.

En effet, tout comme dans un procès nous confions plus

volontiers notre défense à un avocat adroit, plutôt que maladroit — même si ce dernier est plein de bonté : de même les peuples remettent plus volontiers leur destin entre des mains adroites que pleines de bonté.

Les pacifistes ne conquerront la confiance politique des masses que s'ils ne sont pas seulement, d'après les mots de la Bible, doux comme les colombes [*Tauben :* pigeons (oiseau)] — mais aussi intelligent comme les serpents ; s'ils ne sont pas seulement nobles dans les buts — mais *aussi adroits dans les moyens*, à l'instar de leurs rivaux militaristes.

4. RÉFORME DU PACIFISME

Les temps modernes exigent un *nouveau pacifisme*. Des hommes d'État doivent marcher à sa tête, plutôt que des rêveurs ; des combattants doivent remplir ses rangs, plutôt que des râleurs !

Seul un *pacifisme étatique intelligent* peut convaincre les masses — seul un *pacifisme héroïque* peut les attirer !

Les nouveaux pacifistes doivent être des optimistes de volonté — mais des pessimistes du constat [*Erkenntnis :* reconnaissance]. Ils ne doivent ni ignorer ni surestimer les dangers qui menacent la paix — mais plutôt : les *combattre*. L'affirmation : « Une nouvelle guerre est impossible ! » est aussi fausse que l'affirmation « Une nouvelle guerre est inévitable ! ». Le fait de savoir si la potentialité de la guerre se transformera ou non en réalisation de la guerre dépend en premier lieu de la force d'agir et de la circonspection des pacifistes. En effet la guerre et la paix ne sont pas des événements naturels — mais une œuvre humaine [*Menschenwerk*].

C'est pourquoi face à la paix le pacifiste doit adopter le point de vue suivant :

« La paix est menacée ; La paix est possible ;

La paix est souhaitable : Créons donc la paix ! »

* * *

Le nouveau pacifisme doit *délimiter ses buts* pour les atteindre et seulement exiger ce qu'il est décidé à imposer.

En effet, le royaume de la paix ne se laisse conquérir que *pas à pas*, et un pas en avant dans la réalité a plus de valeur que mille pas dans l'imagination.

Les programmes illimités n'attirent que les fantaisistes — tandis qu'ils répulsent les politiciens : un politicien peut cependant faire plus pour la paix que mille fantaisistes !

* * *

Les pacifistes de toutes les nations, de tous les partis et de toutes les visions du monde doivent former une phalange dans la politique internationale, avec une gouvernance [*Führung* : conduite, direction] uniforme et des symboles communs.

Une fusion entre autant de groupes divergents est impossible et inadaptée [*unzweckmäßig*] — mais leur *coopération* est possible et nécessaire.

Le pacifisme doit exiger de chaque politicien de la clarté quant à sa position vis-à-vis de la guerre et de la paix. Dans cette question vitale, chaque électeur a un droit de connaître exactement le point de vue de ses candidats, de savoir dans quelles circonstances précises celui-ci voterait pour la guerre, et quels moyens il veut employer pour empêcher la guerre.

Si et seulement si les électeurs s'inséraient de cette façon dans la politique extérieure au lieu de, comme jusqu'à maintenant, se laisser abuser par des phrases [*Phrasen*] et des slogans — alors les parlements pourraient devenir des reflets de la volonté pacifique qui anime les masses de travailleurs, de paysans et de bourgeois de toutes les nations.

* * *

Le nouveau pacifisme doit avant tout aussi *réformer les pacifistes*.

Le pacifisme ne peut vaincre que si les pacifistes sont prêts à *sacrifier* honneur, argent et vie dans le combat pour la paix ; que si les pacifistes capables de payer [*zahlkräftigen :* forts en nombre (nombreux)] paient [*zahlen :* chiffrent] — que si les pacifistes capables d'agir [*tatkräftigen :* forts d'acte] agissent [*handeln :* prennent les choses en main].

Tant que les masses voient dans les militaristes, qui sont quotidiennement prêts à donner leur vie pour leur idéal, des héros — mais dans les pacifistes des faiblards et des lâcheurs, l'enthousiasme pour la guerre sera plus fort que l'enthousiasme pour la paix.

En effet, la force de conviction réside dans les choses — mais la force d'enthousiasme dans les humains.

Cette force, d'enthousiasmer, sera d'autant plus forte que les pacifistes deviendront des combattants, des apôtres, des héros et des martyrs pour leur idée — plutôt que d'en être des avocats et des bénéficiaires. —

5. LA PAIX DANS LE MONDE ET LA PAIX EN EUROPE

Les buts du pacifisme religieux sont absolus et simples — les buts du pacifisme politique relatifs et multiples. Chaque problème politique exige une prise de position particulière du pacifisme.

Il y a trois types principaux de guerre : la *guerre d'attaque, de défense* et *de libération.*

Tous les pacifistes sont des adversaires de la guerre de conquête ; le chemin pour la combattre est clairement déterminé : une assurance [*Versicherung :* sécurisation] réciproque des États pour une défense commune contre les briseurs de paix. Une telle organisation, telle qu'elle est planifiée aujourd'hui par la Société des Nations [*Völkerbund :* alliance des peuples] dans le pacte de sécurité [*Garantiepakt :* pacte de garantie], protégera à l'avenir les peuples des guerres de conquête et leur épargnera en même temps des actions de défense individuelles.

Bien plus difficile est le problème de la *guerre de libération*. En effet celle-ci est dans la *forme une guerre d'attaque — mais dans l'essence une guerre de défense* contre une conquête rigidifiée [*erstarrte*]. Un pacifisme qui rend la guerre de libération impossible, prend ainsi le parti de l'oppresseur. D'un autre côté, la légitimation internationale de la guerre de libération serait un blanc-seing pour les guerres de conquête.

En effet, la libération des peuples et des classes opprimées est le prétexte préféré de toutes les guerres de conquête ; et comme partout il y a des peuples, des fragments de peuple, des races et des classes qui se sentent opprimés ou qui le sont réellement, un pacifisme qui permettrait aujourd'hui la guerre de libération, serait en pratique illusoire.

* * *

Deux théories s'affrontent donc ici : le *pacifisme conservateur* des peuples saturés, dont le but est la lutte contre chaque briseur de paix, ainsi que le maintien du status quo et des rapports de force en présence — et le *pacifisme révolutionnaire,* dont le but est une ultime guerre mondiale, pour la libération des toutes les classes, de tous les peuples et de toutes les races opprimés, et avec elle l'anéantissement de toute future cause de guerre, et la fondation de la république mondiale pacifiste.

Le pacifisme conservateur a son siège dans la *Société des Nations genevoise* — le révolutionnaire dans l'*Internationale moscovite.*

* * *

Le *pacifisme genevois* veut aujourd'hui maintenir la paix, sans aplanir la matière des conflits qui menace de mener à une guerre future ; le *pacifisme moscovite* veut accélérer l'explosion internationale, afin d'instaurer pour le futur un royaume de la paix assuré.

Il est à craindre que Genève sera trop faible pour maintenir la paix — et Moscou trop faible pour l'instaurer. C'est pourquoi les deux tendances menacent de par leur radicalisme la paix mondiale.

Une issue partielle à ce dilemme consiste en un *pacifisme évolutionnaire,* dont le but est une déconstruction pas à pas de l'oppression nationale et sociale, avec un maintien simultané de la paix. Ce pacifisme, cheminant comme une corde frêle au-dessus d'un double abîme, requiert la plus haute adresse politique de la part des leaders et une grande compréhension politique de la part des peuples. Mais il doit être recherché par tous ceux qui veulent sincèrement la paix.

* * *

Les deux problèmes du futur, relatifs à la paix, les plus difficiles sont : le problème *indien* et le problème *australien*[58]. Dans la *question indienne* (qui est un cas particulier de la question coloniale en général) la volonté d'indépendance politique de la nation culturelle indienne, et la volonté britannique de la garder dans sa communauté de nations [*Staatsverbande*], demeurent apparemment irréconciliables l'une avec l'autre. Cette situation va inciter les peuples asiatiques (et semi-asiatiques) à s'unir un jour avec l'Inde pour un grand combat de libération.

La *question australienne* (qui est un cas particulier de la question de l'immigration dans le Pacifique) tourne autour de l'impossibilité pour les Mongols d'entrer à l'intérieur des zones de peuplement anglo-saxonnes [*Aussperrung* : le fait d'être enfermé dehors]. La forte croissance de la

---

[58] R. N. Coudenhove-Kalergi fait probablement référence à la Loi australienne de restriction de l'immigration de 1901 (*Immigration Restriction Act 1901*) et aux conditions d'entrée sur le territoire drastiques réservées aux migrants asiatiques. Le but de cette loi était de favoriser au maximum l'immigration européo-occidentale et de réduire au minimum le plus strict l'immigration asiatique.

population des Mongols est disproportionnée en regard de leur manque en zones de peuplement, et menace de conduire un jour à une explosion dans l'océan Pacifique, si aucune soupape de sûreté ne leur est ouverte. D'un autre côté, les Australiens blancs savent qu'une admission des Mongols les pousserait à court terme au rang de minorité. Le fait de savoir quelle solution sera trouvée pour ce problème, si la Chine devient un jour aussi armée que le Japon, est incertain.

La solution pacifique [*friedliche*] de ces problèmes mondiaux est l'une des très difficiles tâches des pacifistes britanniques, asiatiques et australiens. Les pacifistes européens doivent cependant clairement reconnaître qu'une *solution guerrière* à ces questions est *plus probable* qu'une solution pacifique, mais qu'il leur manque la puissance et l'influence pour empêcher ces guerres menaçantes.

* * *

Ce constat clarifie la mission du *pacifisme européen* : il n'a pas la puissance de pacifier la Terre entière — mais il a pleinement la puissance d'offrir à l'Europe une paix durable, en résolvant la *question européenne* et en évitant à son continent d'être impliqué dans ces conflits futurs, en Asie et dans le Pacifique. Par conséquent, le pacifisme politique européen doit apprendre à *limiter ses buts* et à différencier ce qu'il ne peut que souhaiter — de ce qu'il peut aussi atteindre. Sans outrepasser ses forces, il doit d'abord lutter sur son *propre continent* pour une paix durable et laisser les Américains, les Britanniques, les Russes et les Asiatiques maintenir la paix dans les parties du monde qui leur échoient [*zugefallenen* : se refermer brutalement tout seul (p.ex. porte), revenir]. Mais en même temps, tous les pacifistes du monde doivent rester en constant contact les uns avec les autres, dans la mesure où beaucoup de problèmes (avant tout le désarmement) ne peuvent être résolus qu'*internationalement*, et dans la mesure où le pacifisme international doit chercher à éviter, et à régler les conflits entre ces complexes mondiaux [*Weltkomplexen*].

En comparaison avec ces risques de guerre est-asiatiques, les *problèmes européens de paix sont relativement faciles à résoudre. Aucun obstacle insurmontable ne se dresse sur le chemin vers la paix européenne.* Personne ne pourrait gagner quoi que ce soit à une guerre européenne — mais tous auraient tout à y perdre. Le vainqueur sortirait de ce meurtre de masse mortellement blessé — et le vaincu anéanti.

C'est pourquoi une nouvelle guerre européenne ne pourrait naître que de par un crime des militaristes, de par l'inconscience des pacifistes et l'imbécillité des politiciens.

Elle peut être empêchée si dans chaque pays les bellicistes sont tenus en échec [*Schach*], les pacifistes remplissent leur devoir, et les hommes d'État protègent les intérêts de leurs peuples.

* * *

La protection de la paix en Europe, qui est aujourd'hui devenue les *Balkans du monde*, forme un pas en avant essentiel vers la paix mondiale. Tout comme la Guerre mondiale est née en Europe — de même la paix mondiale pourrait peut-être aussi naître un jour en Europe.

En aucun cas on ne peut penser à une paix mondiale, avant que la paix européenne ne soit ancrée dans un système stable.

6. LE PROGRAMME DE PAIX DE LA REALPOLITIK

Le risque de guerre en Europe se divise en *deux* groupes : le premier est fondé sur l'oppression *nationale* — le second sur l'oppression *sociale*.

Aujourd'hui la *question des frontières* et la *question russe* menacent la paix européenne. —

L'essence de la *question des frontières* consiste en ceci que la plupart des États et des peuples européens ne sont pas satisfaits de leurs frontières actuelles, dans la mesure où elles ne correspondent pas aux exigences nationales, économiques ou stratégiques des nationalistes. Un changement pacifique des frontières actuelles est impossible de par leur présente signification [*Bedeutung :* importance] : les nationalistes de ces États insatisfaits préparent donc un changement de frontière violent [*gewaltsame*] via une nouvelle guerre, et contraignent leurs voisins au réarmement.

La *question russe* s'enracine aujourd'hui dans le fait qu'à la frontière ouverte est-européenne se tienne une puissance mondiale, dont les leaders reconnaissent que leur but est de faire chuter violemment [*gewaltsame*] le système existant en Europe. Pour atteindre ce but, ils entretiennent avec de l'argent l'irrédentisme social européen et espèrent bientôt être en mesure de pouvoir adjoindre à ces fonds de propagande des troupes soviétiques, pendant le déclenchement de la révolution européenne.

Pour des raisons principielles, la Russie est une *adversaire du pacifisme actuel,* elle se réclame de méthodes militaristes et organise une armée forte pour, avec son aide, changer fondamentalement la carte du monde, du moins en Europe et en Asie. Dès que cette armée sera assez forte, elle se mettra sans aucun doute en marche contre l'Ouest.

* * *

Ces deux problèmes, qui s'affrontent mutuellement en des points isolés (la Bessarabie, la Galicie de l'Est), menacent quotidiennement la paix de l'Europe. Chaque pacifiste européen doit s'en démêler et essayer de les prévenir.

Le *programme paneuropéen*[59] est le seul chemin pour empêcher ces deux guerres menaçantes, avec les moyens de la *Realpolitik*, et pour protéger la paix européenne. Son but est :

1.   *La protection de la paix européenne interne* via une convention d'arbitrage, un pacte de sécurité, une alliance douanière et une protection des minorités paneuropéens.
2.   *La protection de la paix avec la Russie* via une alliance défensive paneuropéenne, via la réciprocité de la reconnaissance, de la non-ingérence et de la garantie des frontières, un désarmement commun et une collaboration économique, tout autant que via une déconstruction de l'oppression sociale.
3.   *La protection de la paix avec la Grande-Bretagne, l'Amérique et l'Asie de l'Est,* via une convention d'arbitrage obligatoire et une réforme régionale de la

---

[59] Cf. : « Pan-Europa » de R. N. Coudenhove-Kalergi (éd. Pan-Europa, Vienne).

Société des Nations.

* * *

Le programme paneuropéen est la seule solution possible au problème européen des frontières. En effet, l'incompatibilité de toutes les aspirations nationales, tout comme la tension en Europe, entre les frontières géostratégiques, historico-économiques, et nationales, rend un *encadrement juste des frontières impossibles.* Un changement des frontières aplanirait les anciennes injustices, mais leur y substituerait de nouvelles.

Voilà pourquoi n'est possible une solution au problème des frontières européen qu'à travers sa neutralisation.

Les deux éléments de cette solution sont :

A.   L'élément *conservateur* du status quo territorial, qui stabilise les frontières existantes et empêche ainsi la guerre imminente ;
B.   l'élément *révolutionnaire* de l'aplanissement progressif des frontières en termes stratégiques, économiques et nationaux, qui détruit le germe des guerres futures.

Cette *protection des frontières, alliée à leur déconstruction*, préserve la structure [*Gliederung*] formelle de l'Europe, tandis qu'elle change leur essence [*Wesen* : nature]. De sorte qu'elle protège simultanément la paix présente et future, ainsi que l'épanouissement économique et national de l'Europe.

* * *

L'autre risque de guerre en Europe est le danger *russe*.

La militarisation russe provient d'un côté de la crainte d'une invasion antibolchévique, qui serait soutenue par l'Europe — et de l'autre côté de la volonté de mener, sous le signe de la libération sociale, une guerre d'attaque contre l'Europe.

C'est pourquoi le but du pacifisme européen doit être de *protéger simultanément la Russie d'une attaque européenne et l'Europe d'une attaque russe*. Le premier n'est possible qu'à travers une sincère volonté de paix — le second à travers une *supériorité militaire*. L'Europe peut tout de suite atteindre cette supériorité militaire, sans augmentation de son armement, via une alliance défensive paneuropéenne.

Le pacifisme européen n'a cependant pas le droit de laisser dégénérer cette *suprématie [Übermacht]* militaire en course à l'armement, il doit plutôt en faire la base du *désarmement* et de l'entente *russo-européens*.

* * *

L'Europe n'a pas la possibilité de changer l'attitude politique des détenteurs de pouvoir [*Machthabern*] russes, dont le système est expansif. Comme elle ne peut pas convaincre ceux-ci de faire la paix, elle doit les y contraindre. Quand un voisin est pacifiquement disposé, et l'autre belliqueusement, le pacifisme exige alors que la supériorité militaire se situe du côté de la paix. Un renversement de ce rapport signifie la guerre.

C'est une illusion de beaucoup de pacifistes que de voir dans l'affaiblissement de leur propre armement le chemin le plus sûr vers la paix. *Sous certaines circonstances la paix exige le désarmement — sous d'autres circonstances cependant, l'armement.* Si par exemple l'Angleterre et la Belgique avaient disposé d'armées plus fortes en 1914, la proposition de médiation anglaise aurait alors immédiatement eu, avant la catastrophe, plus de chances d'être acceptée.

Si notamment un peuple passe aujourd'hui du pacifisme au refus du service de guerre, tandis que son voisin guette l'occasion de l'agresser, il n'encourage pas ainsi la paix, mais la guerre.

Si un autre peuple augmente son armement pour assurer sa paix et par là même provoque un voisin pacifique dans une course à l'armement — il n'encourage pas ainsi la paix, mais la guerre.

Chaque problème de paix demande un traitement individuel. C'est pourquoi l'Europe ne peut pas utiliser aujourd'hui les mêmes méthodes de paix vis-à-vis de l'Angleterre et de la Russie.

La paix avec l'*Angleterre*, dont la politique est stable et pacifiste, peut s'appuyer sur des accords — la paix avec la *Russie*, qui se trouve en pleine révolution et qui ne renie pas ses plans guerriers à l'encontre du système européen, requiert une protection militaire.

Il serait tout aussi non politique et non pacifiste de s'en remettre à des accords vis-à-vis des Soviétiques — que de s'en remettre à la flotte vis-à-vis de l'Angleterre. En revanche, le pacifisme européen doit en chaque instant se tenir prêt pour une *Russie pacifiste* qui désarme et renonce sincèrement à ses plans d'intervention, tout comme il doit se tenir prêt à faire face, à l'instar de l'Angleterre pacifiste [*pazifistischen*].

* * *

Les pacifistes d'Europe ne doivent cependant jamais oublier que la Russie réarme au nom de la *libération sociale* et que des millions d'Européens percevraient une invasion russe comme une *guerre de libération.* Plus cette conviction s'étend chez les masses européennes, plus cette guerre devient menaçante.

Tout comme les risques nationaux de guerre ne peuvent être durablement chassés que par une déconstruction de l'oppression nationale, ce risque social de guerre ne peut être chassé que par la *déconstruction de l'oppression sociale.*

L'irrédentisme social européen ne renoncera à l'Internationale moscovite que si la preuve pratique lui est apportée du fait que la situation et le futur des travailleurs dans les pays démocratiques soient meilleurs que ceux des travailleurs soviétiques. Si le communisme réussit à apporter la preuve contraire, alors aucune politique extérieure ne pourra prémunir l'Europe contre la révolution et le rattachement à la Russie soviétique.

* * *

C'est ici que se manifeste l'étroite corrélation entre les politiques intérieure et extérieure, entre la *liberté* et la *paix.* Dans la mesure où *toute oppression*, qu'elle soit nationale ou sociale, *porte en elle le germe d'une guerre*, le combat contre l'oppression forme un élément essentiel du combat pour la paix.

Toute oppression contraint l'oppresseur au maintien d'une puissance militaire, et contraint les oppressés ainsi que leurs alliés au bellicisme. Inversement, une politique de guerre et de réarmement met dans les mains des détenteurs du pouvoir [*Machthabern*] d'État l'instrument le plus fort pour une oppression intérieure : l'armée [*Armee*]. C'est pourquoi la paix européenne et mondiale ne pourra être assurée définitivement que lorsque les religions, les nations et les classes cesseront de se sentir opprimées.

C'est la raison pour laquelle *une politique extérieure pacifique* [*friedliche*] *va main dans la main avec une politique intérieure libérale* [*freiheitlicher*] — et une politique extérieure guerrière avec une oppression intérieure.

7. ENCOURAGEMENT DE LA PENSÉE PACIFIQUE

À côté du combat à mener pour faire gagner son programme de paix en termes de politique extérieure, le pacifiste ne doit manquer aucune occasion d'encourager la collaboration et l'entente internationales.

Ceci conditionne l'attitude du pacifisme vis-à-vis de la *Société des Nations* [*Völkerbund :* alliance des peuples].

L'actuelle Société des Nations est, en tant qu'institution de paix, très imparfaite ; elle est avant tout lourdement chargée de par l'héritage de la guerre qui lui a donné naissance. Elle est faible, déstructurée [*ungegliedert*], peu fiable ; de plus, elle n'est qu'un fragment [*Torso :* torse de sculpture sans tête ni membre] tant que les États-Unis, l'Allemagne et la Russie en restent éloignés. Néanmoins, la Société des Nations genevoise est la première ébauche d'une organisation internationale et mondiale des États, devant se substituer à l'anarchie des États, en vigueur jusque-là.

Elle a l'incommensurable *avantage de l'existence* vis-à-vis de toutes les institutions meilleures, qui ne sont que des projets.

C'est pourquoi chaque pacifiste doit soutenir la faible, la fragile, l'embryonnaire Société des Nations : il doit la critiquer — non la combattre ; travailler à sa réorganisation [*Umgestaltung*] — non à sa destruction.

* * *

Chaque pacifiste doit de surcroît contribuer à aplanir la stupide *haine des peuples*, qui nuit à tous et n'est utile à personne. Il peut faire cela au mieux via la diffusion de la vérité et via le combat contre la malveillante et inculte incitation à la haine raciale.

En effet, l'une des causes principales de la haine nationale réside dans le fait que les *peuples ne se connaissent pas mutuellement* et ne se voient qu'à travers des images écorchées [*Zerrbildern*], d'après les remarques d'une presse et d'une littérature chauvines. Pour combattre ces déformations, le pacifisme doit créer une littérature populaire éclairante [*aufklärende*], encourager les traductions, tout autant que les échanges entre professeurs, instituteurs, étudiants et enfants.

À travers un accord international, le harcèlement chauvin contre les nations étrangères doit être combattu sans ménagement, dans les *écoles* et dans la *presse*.

Pour le soutien [*Förderung :* encouragement] à la pensée pacifique et au combat contre le bellicisme, dans tous les États devraient voir le jour des *ministères de la paix*, qui, en étant en contact permanent entre eux et avec toutes les organisations pacifistes à l'intérieur et à l'extérieur du pays, serviraient à la réconciliation internationale.

* * *

L'une des tâches les plus essentielles du pacifisme consiste en l'introduction d'une *langue de compréhensibilité* [*Verständigungssprache :* langue d'entente] *internationale*. En effet, avant que les peuples ne puissent parler entre eux, on peut difficilement exiger d'eux qu'ils se comprennent.

Une langue d'échange internationale aurait pour but, qu'à domicile [*daheim*] chaque humain parle sa langue maternelle, tandis qu'il se servirait de la langue de compréhensibilité lorsqu'il serait en compagnie de ressortissants de nations étrangères. Ainsi, chaque humain quittant son pays [*Heimat*] n'aurait besoin de maîtriser que la langue de compréhensibilité seule, alors qu'aujourd'hui, à l'étranger, il a besoin de plusieurs langues.

En tant que langue d'échange internationale, il ne peut être question que de l'*espéranto* ou de l'*anglais*. La question de savoir laquelle de ces deux langues sera choisie pour les échanges internationaux est insignifiante à côté de l'exigence que le monde s'unisse à propos de l'une de ces deux langues.

* * *

La *langue anglaise* a le grand avantage, par rapport à l'espéranto, d'avoir déjà endossé le rôle de langue d'échange internationale en Australie, pour moitié en Asie, en Afrique et en Amérique tout comme dans une grande partie de l'Europe, de sorte que dans ces régions, son introduction officielle ne serait que l'officialisation d'une pratique déjà existante. À cela s'ajoute le fait qu'elle soit, de par sa position intermédiaire entre les langues germaniques et latines, facile à apprendre pour les Germains tout comme pour les Latins, et il en va de même pour les Slaves qui maîtrisent déjà une langue germanique ou latine. En outre, l'anglais est la langue des deux empires les plus puissants de la Terre et la langue maternelle la plus répandue de l'humanité blanche.

L'introduction de la langue auxiliaire [*Hilfssprache :* langue d'aide] internationale pourrait réussir, grâce à une proposition de la Société des Nations, de l'introduire obligatoirement, d'abord dans tous les collèges et dans toutes les institutions de formation des enseignants du monde, puis après une décennie, dans les écoles primaires également.

* * *

La diffusion des *Lumières* [*Aufklärung*] et le combat contre l'ignorance humaine ouvrent en soi des perspectives de réussite plus rapides pour la propagande de paix que la diffusion de l'humanité[60] [*Humanität*] et le combat contre la méchanceté.

En effet *les convictions humaines se modifient plus vite que les instincts humains.* Et le mouvement pour la paix n'aurait pas du tout besoin d'en appeler au cœur humain, tout du moins en Europe — s'il pouvait dans une certaine mesure compter sur l'entendement humain.

Tout comme l'*Aufklärung* en a fini avec les bûchers de sorcières, la torture et l'esclavage — de même elle en finira un jour aussi avec la guerre, ce reste d'une époque barbare de l'humanité [*Menschheit*].

Le fait de savoir *quand* cela se produira reste incertain ; mais le fait de savoir *que* cela se produira, est certain. *La vitesse* [*Tempo*] *dépend des pacifistes.*

---

[60] À l'*humanité* (au sens le plus courant du terme) correspond le terme « *Menschheit* ». Le terme *Humanität* [*humanité*] renvoie à l'Humain (au sens moral et religieux du terme), à l'humanisme. L'humanisme et l'*Aufklärung* (les Lumières allemandes — pour résumer brièvement) sont deux approches philosophiques distinctes quant à la constitution de l'individu et du vivre ensemble.

Le fait que les humains aient enfin appris à voler après des centaines de milliers d'années a été bien plus miraculeux et invraisemblable que ne l'est le fait qu'ils apprendront un jour à vivre en paix les uns avec les autres.

8. PROPAGANDE DE PAIX

La propagande de paix est le complément nécessaire de la politique de paix : car la politique pacifiste est court-termiste — la propagande pacifiste est long-termiste.

La propagande de paix seule est incapable d'empêcher la guerre imminente, dans la mesure où elle a besoin d'au moins deux générations pour devenir effective ; la politique de paix seule est incapable d'assurer la paix durable, dans la mesure où, à côté du développement rapide de notre époque, le rayon d'action [*Wirkungskreis :* cercle d'effectivité] de la politique atteint difficilement deux générations.

Dans le meilleur des cas, la politique de paix peut créer, au moyen d'une grande adresse, une *paix provisoire*, au sein de laquelle offrir à la propagande de paix la possibilité de désarmer moralement les peuples et de les convaincre du fait que la guerre soit un moyen barbare, non pratique et vieilli de régler les différends internationaux.

En effet, tant que ce constat ne se sera pas imposé internationalement, et tant qu'il y aura des peuples pour voir la guerre comme étant le moyen le plus approprié pour imposer leurs buts politiques, la paix ne pourra pas s'appuyer sur le désarmement, mais seulement sur la supériorité militaire des pacifistes.

Le désarmement total ne sera possible qu'après la victoire de la pensée pacifique — tout comme l'abolition de la police ne serait possible qu'après la disparition de la criminalité : sinon, l'abolition de la police mène à la dictature du crime — l'abolition de l'armée à la dictature de la guerre.

* * *

La propagande pacifiste se dirige contre les *instincts de guerre*, les *intérêts de guerre* et les *idéaux de guerre*.

Le combat contre les instincts de guerre doit être mené à travers leur affaiblissement, leur détournement ainsi qu'à travers le renforcement des instincts opposés.

Il s'agit avant tout de *déshabituer* les peuples *de la guerre*, et de laisser ainsi mourir leurs instincts de guerre, tout comme les fumeurs, les buveurs, et les morphinomanes abandonnent leurs penchants en ne s'y adonnant plus. Le moyen pour se déshabituer de la guerre est la politique de paix.

Le *sport* est très approprié pour détourner de l'attitude guerrière les instincts de combat humains, et plus particulièrement masculins. Ce n'est pas un hasard si les peuples européens les plus sportifs (les Anglais, les Scandinaves) sont en même temps aussi les plus pacifiques.

Seule la *chasse* constitue ici une exception : elle conserve la plus primitive des formes de combat et renforce les instincts de meurtre, au lieu de les dévier. Le fait que dans beaucoup de pays européens la chasse ait été le sport principal des castes et des hommes dominants a beaucoup contribué au maintien du militarisme européen : car la chasse éduque facilement à l'irrespect de la vie étrangère et insensibilise vis-à-vis des effusions de sang.

* * *

La condamnation de la guerre ne doit jamais dégénérer en une condamnation du combat. Un tel déraillement du pacifisme ne ferait que jouer le jeu des contre-arguments percutants des militaristes, et compromettre éthiquement et biologiquement le pacifisme.

En effet le combat et la volonté de combat sont les créateurs et les mainteneurs de la culture humaine. La fin du combat et la mort de l'instinct de combat humain seraient synonymes de fin et de mort de la culture et de l'humain.

Le combat est bon ; seule la guerre est mauvaise, car elle est une forme primitive, grossière et vieillie du combat international — tout comme le *duel* est une forme primitive, grossière et vieillie du combat sociétal [*gesellschaftlichen*].

À partir de là, le but du pacifisme n'est pas l'abolition du combat, mais plutôt l'affinement, la sublimation et la modernisation de ses méthodes.

* * *

À ce jour, la *forme du combat économique* est sur le point de prendre le relais de la forme du combat militaire : les *boycotts* et les *blocus* se substituent aux guerres, la *grève* politique se substitue à la révolution. La Chine a gagné plusieurs batailles politiques contre le Japon grâce à l'arme du boycott et *Gandhi* cherche, au moyen de ces méthodes non sanglantes, à mener à bien le combat de libération indien.

Un temps viendra où les rivalités nationales seront réglées avec des *armes spirituelles* plutôt qu'avec des couteaux et des billes de plomb. Plutôt que de se défier dans une course à l'armement, les peuples se défieront alors mutuellement dans une compétition en termes de performances scientifiques, artistiques et techniques, en termes de justice et d'assistance sociale, en termes de santé publique et d'éducation publique et en termes de promotion de grandes personnalités.

* * *

Le combat contre les *intérêts de guerre* forme la seconde tâche de la propagande de paix.

Cette propagande consiste à amener la preuve, aux peuples et aux individus, des *chances réduites* de gain et des *énormes risques* de perte, avec pour résultat le fait que la guerre soit présentement devenue un *business* [*Geschäfft :* affaire, magasin] *mauvais, risqué et non rentable.*

En ce qui concerne les peuples, *Norman Angell*[61] a déjà apporté cette preuve avant la guerre, et la Guerre mondiale a brillamment [*Gläzend*] confirmé sa thèse.

La question de savoir si, d'un point de vue national, une guerre de libération indienne victorieuse, ou une conquête de l'Australie par les Mongols, compenseraient les sacrifices [*Opfer :* victimes], peut rester ici non débattue : ce qu'il y a de certain cependant, c'est que d'une nouvelle guerre *européenne* le vainqueur ressortirait lourdement ruiné, d'un point de vue politique, économique et national, tandis que le peuple vaincu serait anéanti pour toujours. *Le gain potentiel est absolument sans commune mesure avec les pertes certaines.*

---

[61] « La grande illusion » de Norman Angell.

* * *

Ne sont *personnellement* intéressés aux guerres que, d'un côté les *politiciens* et les *militaires* ambitieux qui en espèrent la gloire — et de l'autre les *fournisseurs de guerre* qui en espèrent du business [*Geschäfte*]. Ces groupes sont très petits, mais très puissants.

Le premier groupe peut être, dans les États démocratiques, neutralisé par un pacifisme décidé : les politiciens qui placent leur ambition au-dessus du bien-être de leur peuple doivent être traités comme des criminels.

Les *officiers* prétendent souvent que leur attitude guerrière est un devoir professionnel [*Berufspflicht* : devoir vocationnel]. Dans les États dont la politique est pacifiste, ce serait une lourde erreur ; car dans ce cas l'armée ne vaut pas en tant que moyen de conquête, mais en tant qu'arme nécessaire contre les volontés guerrières étrangères. Il serait donc nécessaire que *les officiers soient directement éduqués comme des pacifistes*, mais des *pacifistes héroïques*, en chaque instant prêts à risquer leur vie pour le maintien de la paix et à se sentir comme des chevaliers croisés en combat contre la guerre.

Les industriels qui souhaitent ardemment la guerre à cause des *profits de guerre* doivent être renvoyés au fait qu'à l'issue de la prochaine guerre européenne se trouvera vraisemblablement le bolchevisme. Ce qui les attend donc avec une probabilité supérieure à 50% à la fin de la guerre, c'est l'expropriation, si ce n'est le gibet.

Vu sous cet angle, le business de guerre perd de son attrait. En effet il paraît quand même plus avantageux pour l'industrie de se contenter de profits de paix relativement minces mais sans danger, plutôt que de courir après des profits de guerres gras mais dangereux pour la vie.

Cette argumentation est importante parce qu'elle retire à la propagande de guerre son moteur doré, et conduit à la propagande de paix.

* * *

La propagande de paix doit aussi mobiliser l'*imagination* humaine contre la guerre du futur. Elle doit éclairer [*aufklären*] les masses sur les dangers et les horreurs qui les menacent en cas de guerre : sur les nouveaux rayons et gaz qui peuvent assassiner des villes entières ; sur la menace d'une guerre d'extermination qui serait moins dirigée contre le front que contre l'intérieur du pays ; sur les conséquences politiques et économiques qu'entraînerait une telle guerre pour les vainqueurs et les vaincus.

Cette propagande doit aider les faibles souvenirs humains et la faible imagination humaine : car si les humains avaient plus d'imagination — il n'y aurait alors plus de guerre. La volonté de vivre serait l'alliée la plus forte du pacifisme.

* * *

Les instincts de guerre sont grossiers et primitifs — les intérêts de guerre problématiques et dangereux — les *idéaux de guerre mensongers et vieillis*.

Ils vivent de la *falsification* qui identifie la guerre au combat, les guerriers aux héros, l'absence d'imagination à la bravoure, la crainte à la lâcheté.

Ils datent d'une époque disparue, de situations surmontées. Ils ont jadis été *forgés par une caste guerrière*, et ont été repris aveuglément [*kritiklos* : sans discernement, sans esprit critique] par les peuples libres.

Jadis, le guerrier était le gardien de la culture, le héros de guerre un héros en soi, et la guerre l'élément vital des peuples, dont le destin se décidait à travers leur bravoure au champ de bataille.

Depuis lors, la guerre est devenue *non chevaleresque*, ses méthodes *odieuses* [*gemein* : communes], ses formes *laides* [*häßlich* : haïssables] ; la bravoure personnelle n'est plus décisive : à la beauté chevaleresque d'un tournoi de masse s'est substituée la misérable laideur d'un *abattoir de masse*. La guerre mécanisée d'aujourd'hui a pour toujours perdu son romantisme d'antan.

Du point de vue *éthique*, la guerre défensive est une *défense d'urgence organisée* — la guerre d'attaque un *meurtre organisé*. Plus grave encore : des humains pacifiques sont violemment contraints d'empoisonner et de déchiqueter [*zerfleischen*] d'autres humains pacifiques.

La responsabilité [*Schuld* : culpabilité] de ces *meurtres de masse suscités* ne revient pas aux perpétrateurs, mais aux incitateurs. Dans les États démocratiques, ces incitateurs sont directement les députés bellicistes, et indirectement leurs *électeurs*.

Quiconque s'effraie de commettre un meurtre doit bien réfléchir à qui il envoie au parlement en tant qu'homme de confiance !

9. NOUVEL HÉROÏSME

Le *renouvellement de l'idéal du héros* à travers le pacifisme, brise l'arme principale de la propagande militariste. En effet, rien ne donne une force de recrutement plus forte au militarisme que la monopolisation de l'héroïsme.

Le pacifisme commettrait un suicide en se lançant dans un combat contre l'idéal du héros ; il devrait y perdre tous ses précieux [*wertvollen :* valeureux] partisans : car le *profond respect devant l'héroïsme* est la mesure du noble courage humain.

Le pacifisme doit entrer en compétition avec le militarisme au sujet de la vénération des héros et tenter de le surpasser en héroïsme. Mais en même temps il doit libérer le concept du héros de sa gangue médiévale et le remplir avec tout le contenu d'une éthique moderne.

La connaissance [*Erkenntnis :* constat] doit se résoudre au fait que l'*héroïsme du Christ* représente une forme plus hautement développée que l'*héroïsme d'Achille* — et que les héros physiques du passé ne soient que les précurseurs des héros moraux du futur.

* * *

Aucun pacifiste honnête ne tentera de contester l'héroïsme aux hommes qui, par-delà la contrainte militaire, ont risqué leur vie sur le front pour leurs idéaux ; qui ont volontairement mis de côté leur bonheur familial, leur confort, leur sécurité et leur santé, pour remplir leur devoir. Leur héroïsme n'est pas affecté par la question de savoir s'ils partaient de présupposés faux ou vrais. Rien ne serait plus odieux que la raillerie de cet héroïsme.

Le pôle opposé à ces héros est formé par ces démagogues qui, depuis leur bureau, leur assemblée, leur comité de rédaction et leur parlement ne cessent d'appeler et d'appeler à la guerre, pour ensuite, loin du front, abuser bassement de l'héroïsme étranger.

La tentative de beaucoup de militaristes de monopoliser l'héroïsme pour le parti de la guerre est aussi peu honnête que ne l'est la tentative de beaucoup de nationalistes de monopoliser le sentiment national pour leur parti.

En effet, celui qui veut protéger son peuple contre la plus grande catastrophe de l'histoire de monde est au moins aussi patriotique que celui qui espère le mener à une nouvelle puissance à travers une guerre victorieuse : seulement celui-ci s'appuie sur l'erreur, et l'autre sur la vérité.

Il y a aujourd'hui beaucoup de pays en Europe, dans lesquels il est plus dangereux pour sa vie de s'engager pour la paix que pour la guerre : dans ces pays, les apôtres de la paix font preuve d'un plus grand courage héroïque que les apôtres de la guerre.

* * *

La plus lourde et injuste des offenses pour un peuple consiste en ceci qu'une position sociale, nommément la position d'officier, monopolise pour elle le caractère héroïque : car il y a de l'*héroïsme dans chaque profession*, de l'héroïsme silencieux et grand, sans gloire, sans romantisme et sans brillante façade : l'héroïsme du travail et de l'esprit, l'héroïsme de la maternité, l'héroïsme de la conviction.

Et celui qui étudie la biographie des grands artistes, penseurs, chercheurs, inventeurs et médecins, apprendra à comprendre qu'il y a aussi un autre héroïsme que celui des guerriers et des aventuriers.

* * *

Est un héros celui qui sacrifie ses intérêts privés à son idéal : plus le sacrifice est grand, plus l'héroïsme est grand.

Celui qui ne craint pas n'est pas héroïque, mais dénué d'imagination. N'agit héroïquement que celui qui *surpasse sa crainte* par amour de ses idéaux. Plus grande est sa crainte — plus sont grands son surpassement et son héroïsme.

* * *

L'Europe s'est libérée de la domination du féodalisme — mais non de la domination des *valeurs féodales*. De ce fait, l'idéal du héros est devenu aussi inactuel et vermoulu [*morsch*] que le concept d'honneur. Seul un renouvellement peut les sauver.

L'honneur d'un humain et d'un peuple doit devenir indépendant des actions *étrangères* et uniquement être déterminé par leurs *propres* actes.

Le principe doit s'imposer selon lequel l'honneur d'une nation ne peut en aucun cas être blessé par le fait que son drapeau soit, n'importe où, abaissé par des gens ivres : mais seulement par le fait que ses juges soient partiaux, ses fonctionnaires corruptibles, ses hommes d'États sans parole ; par le fait qu'elle bannisse ou assassine ses meilleurs fils, qu'elle provoque des voisins plus faibles, qu'elle opprime des minorités, qu'elle néglige ses obligations et brises ses accords.

À travers ce nouveau *code d'honneur*, toutes les questions sensibles qui, à cause de problèmes d'honneur, séparent les peuples en deux et les enfoncent dans la guerre, cesseront d'elles-mêmes : car chaque peuple verra alors comme son devoir d'honneur le fait d'apporter une réparation à un autre — non pour préserver ou rétablir l'honneur *de cet autre*, mais plutôt pour préserver ou rétablir *son propre* honneur national. La forme de cette réparation sera alors, à travers un tribunal d'arbitrage, facile à déterminer. —

* * *

Le pacifisme doit éduquer les générations présente et à venir dans l'*héroïsme de conviction*. Le mensonge et la lâcheté de mentalité ont été complices du déclenchement de la guerre, ils l'ont nourrie et entretenue, pour finir aussi par marquer la paix de leur sceau. C'est pourquoi le *combat contre le mensonge est aussi un combat contre la guerre*.

L'*héroïsme de la paix* sera un héroïsme de la mentalité, de la conviction, de la domination de soi ; alors seulement, il pourra triompher de l'héroïsme des militaristes.

Cet héroïsme de la paix est plus difficile et plus rare que celui de la guerre. Il est plus dur de maîtriser ses passions que ses troupes ; plus dur de discipliner son propre caractère qu'une armée [*Heer*] de recrues. Et beaucoup de ceux qui, sans scrupule pourraient planter une baïonnette dans le corps d'un ennemi, ne trouvent pas le courage de reconnaître leurs convictions face à un ami. Cette *lâcheté morale* est le terreau de toutes les démagogies, y compris militariste : par peur de paraître lâches, des millions de gens dissimulent aujourd'hui leur pacifisme intérieur ; *ils préfèrent être lâches, que de passer pour lâches.*

La victoire de la pensée pacifique est aussi intimement liée à la victoire de l'*héroïsme moral,* qui est prêt à *tout* sacrifier plutôt que de garder immaculés sa conviction et lui-même contre toutes tentatives de persuasion, de chantage, et de corruption d'un temps impur.

* * *

Le pacifisme doit d'abord organiser de tels héros de la paix en une armée volontaire de la paix, dans tous les pays d'Europe.

Cette armée de la paix doit être recrutée parmi les héros qui rejettent la guerre en tant que moyen politique barbare et insensé, qui la rejettent en tant qu'ennemie de l'humanité, et qui en chaque instant sont prêts à tout sacrifier pour leurs croyances pacifistes.

Ces combattants de la paix doivent d'abord, en tant que propagandistes et agitateurs de leurs idées, rassembler autour d'eux les millions de gens qui souhaitent la paix. L'armée de la paix doit cependant aussi être prête, dans les moments dangereux décisifs, à marcher contre la guerre et sauver la paix à travers des interventions énergiques.

À la tête de cette armée de la paix doivent se placer des hommes qui allient à une vision d'homme d'État une volonté de paix inflexible et inébranlable.

Ce n'est que lorsque de tels leaders [*Führer*] marcheront

à la tête de tels combattants [*Kämpfer*] que l'Europe pourra espérer ne plus jamais être assaillie et écrasée par une guerre.

Déjà parus

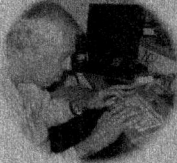

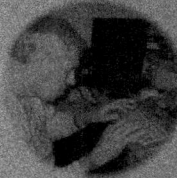

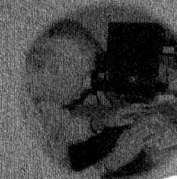

221

OMNIA VERITAS
OMNIA VERITAS LTD PRÉSENTE :
JÜRI LINA
LES ARCHITECTES DU MENSONGE
L'HISTOIRE SECRÈTE DE LA FRANC-MAÇONNERIE
Un aperçu du réseau caché derrière les événements passés et présents qui dévoile les véritables raisons de plusieurs guerres et révolutions majeures.
Ce système politique a été construit par des forces agissant en coulisses...

OMNIA VERITAS
LES PORTEURS DE LUMIÈRE DES TÉNÈBRES
Ce livre tente de montrer, à l'aide de preuves documentaires, que les conditions actuelles du monde sont sous l'influence de sociétés mystiques et secrètes à travers lesquelles le Centre Invisible cherche à diriger et à dominer les nations et le monde.
LES PORTEURS DE LUMIÈRE DES TÉNÈBRES

OMNIA VERITAS
LA TRACE DU SERPENT
Une tentative de retracer le culte de l'ancien Serpent, le Principe Créateur, le Dieu de tous les initiés des Gnostiques et des Cabalistes, émanant des Juifs hellénisés d'Alexandrie.
LA TRACE DU SERPENT

www.ingramcontent.com/pod-product-compliance
Lightning Source LLC
Chambersburg PA
CBHW071117280326
41935CB00010B/1040